U0032886

意念使用手冊

瞬間改變時間和空間的量子習慣

村松大輔——著
黃詩婷——譯

序言

這本書是為了「**改變你那不甚順遂的人生**」而寫下的書。

比方說……

明明很努力卻得不到成果，無法發揮自己的力量。

說到底自己根本沒有才能，因此沒有希望也沒有夢想。

運氣不好、不走運，生來就是歹命。

處在過於險惡的環境當中，周遭的人都非常惡劣，所以覺得努力也沒有用。

如果以上有任何一點覺得符合，或者是感到有那麼一點點同感，那麼還請你務必閱讀本書。只要了解這本書中撰寫的內容，並且身體力行一下，你的人生就會澈底翻轉。

這種事情怎麼可能呢？絕對沒辦法的！

你會這麼想也是理所當然。

這個世界上大多數人都認為如果沒有好好努力，就無法獲得良好的成果。因為不相信自己的力量而放棄了夢想，覺得自己運氣很差，最後接受了那陷入困境的命運。你是否也是這種人？

但是，其實現實是可以改變的。

為何我能說得如此肯定？

這是由於本書中講述的內容，是由**最新科學知識來背書的「真實」**。

我談論的不是精神世界，而是**打造現實世界的「結構」**。

事實上來我們學校上課的學生，以及參加讀書會的學員，都展現了令人難以置信的好成果，一口氣就翻轉了他們的人生。

其實我自己也是這樣的。在了解這個理論以前，跌到了人生的谷底，過著不知明日太陽是否會升起的日子。但了解這個真實理論以後，我的現實馬上翻轉了過來。

簡直就像是魔法一樣。

但這並非魔法。

我使用的不是魔法，而是學習「量子論」或者說是「量子力學」這種科學理論以後，在現實世界中實踐它。

當然，任何人都能辦到。

「世界上所有的物品、事件、現象」都是由「基本粒子」構成的。

舉例來說，你現在拿在手上的這本「書」，就是由許多基本粒子聚集在一起形成的。

現在閱讀的「文字」，也是基本粒子的集合體。

或許大家會覺得有點意外，不過「閱讀」以及「思考」這類行為，也是由基本粒子構成。

當然，你本身也是「基本粒子」的集合體。另外，「活著」這件讓你得以活動的能源，也都是基本粒子的運作。

存在於眼前的，又或者出現在眼前的一切物體以及現象，都是「基本粒子」**聚集在一起，改變組合的方式、改變外形以後打造出來的。**

舉例來說，就有點像是在玩黏土。製作者可以憑藉自己的意志，自由自在改變黏土的樣貌。

這個由基本粒子聚集形成的現實世界，也是一樣的。

你的現實，可以依照你所想的去改變它。

每當我提出這個理論，總是會有人持反對意見。

「既然如此，為何我的人生如此不順遂呢？」

「我明明很努力、也很辛苦，但還是不順利啊。」

「才沒有那麼簡單就能順心如意啦！」等等。

你會這樣想，是當然的。

但是不順利，只不過是因為你並不明白這個理論與使用它的方法罷了。這就像是如果不懂烹飪，那麼不管手上有多好的材料、有多麼努力，也都做不出美味的餐點。

因為不知道正確方法，因此無法順利，只不過是如此罷了。

明白量子力學後以正確的方法來執行，從那瞬間就會出現變化。

這個建立於量子力學的方法，能夠應用在工作、金錢、戀愛以及人際關係等各種不同領域上。

本書談的不只是理論而已，還有更為具體的「思考與行動的習慣」。

我任教的許多學生，在明白量子力學後，將其應用在學業以及社團等各種活動當中，皆逐步實現了原本設定得相當高的目標。

使用「量子力學」以後，會有什麼事情改變呢？

就是以下三項。

「時間」「空間」與「內在」。

為什麼呢？怎樣才能達成？

這方面就請大家繼續讀下去吧。

科學的最新理論會不會很難呢？

確實不太簡單，不過還請安心。我在課餘時間總會和小學生或國中生聊天，他們也都能夠理解我所說的事情，因此你也沒問題的。

不過還請不要「隨手翻閱」，務必仔細地閱讀一下。

構成你的那些基本粒子，從這個瞬間就會開始變化囉。

村松大輔

目錄 CONTENTS

第2章

與零點場連繫的方法——為何能夠提高腦力？

第3章

提升頻率讓思想化為現實——平行世界移動法

第5章 讓「空間」成為好夥伴的習慣——將改變環境的能力放到最大

第6章

量子力學的內在習慣
——持續展現最棒結果的方法

第 1 章

十五分鐘了解「量子力學」的神祕世界

——為何思考能夠化為現實？

首先要請大家了解「何謂量子力學？」
並不需要全身緊繃覺得「好像很難！」
在你覺得「好像很難！」的瞬間，資訊就會難以進入腦袋。
相反地若是抱持著「是什麼呢？」而興奮地閱讀，內容便會非常神奇地進到腦中。
這是因為你「如何思考」這種「意識」能夠改變現實。
還請一起進入常識無法通用的神祕「量子力學世界」。

十五分鐘了解量子力學①

你的身體不過是「微小粒子的集合體」

量子力學是用來分析「肉眼所不可見微小世界」的學問。

量子這個「奈米世界」會發生令人相當驚訝的事情。在這個世界當中，過往科學家們花費漫長時光才得到的法則以及理論都不適用，因此產生了嶄新的研究領域，那就是「量子力學」。

舉例來說，這兒有個玻璃杯。

要是它掉下去的話就會破掉吧？再拿把槌子把那些碎片敲得更碎一些。一直持續敲打的話，就會變得更加細碎。連續不斷敲打下去，最後就會變成一把粉末。

用槌子沒辦法讓粉末變得更細小，但其實這些「微粒」每一粒都能夠變得更小。而小到肉眼看不見的粒子的世界，就是「量子的世界」。

圖片提供／dreamstime

其實不只杯子，所有的物體都是以這種「微小粒子」聚集而成的。

我們的身體也一樣。是由微小的顆粒聚集在一起，打造出「人類的身體」這樣的形體。

舉例來說，就像是上圖點描畫的概念。（畫家秀拉的作品）

我們的世界是「物質構成的世界」，但其實就像點描畫一樣，是由小小粒子聚集而成的世界。

真正的粒子當然不是長這樣的，它們是小到肉眼看不見的粒子，同時也是更加大量聚集在一起成形的粒子。

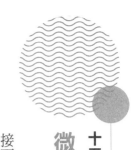

十五分鐘了解量子力學②

微小粒子是什麼構成的？

接下來我們談談「微小粒子」。

以我們的身體來舉例，慢慢細看微小粒子吧。

還請仔細瞧瞧自己的掌心，有看見微小粒子嗎？

應該是看不見吧。**人體明明就是「微小粒子」的集合體，但粒子卻小到實在看不見。**

我們的身體，是由各式各樣「細胞」集合構成的。數量多達三十七兆個！將數量龐大的細胞巧妙搭配組合以後，就構成了我們的身體。

而一個個檢視這三十七兆個「細胞」的話，就會發現它們是由更小的「分子」這種粒子集合而成。

分子會因外形而有不同尺寸的差異，據說大約是0.0000001到0.00001厘米左

人類身體源流

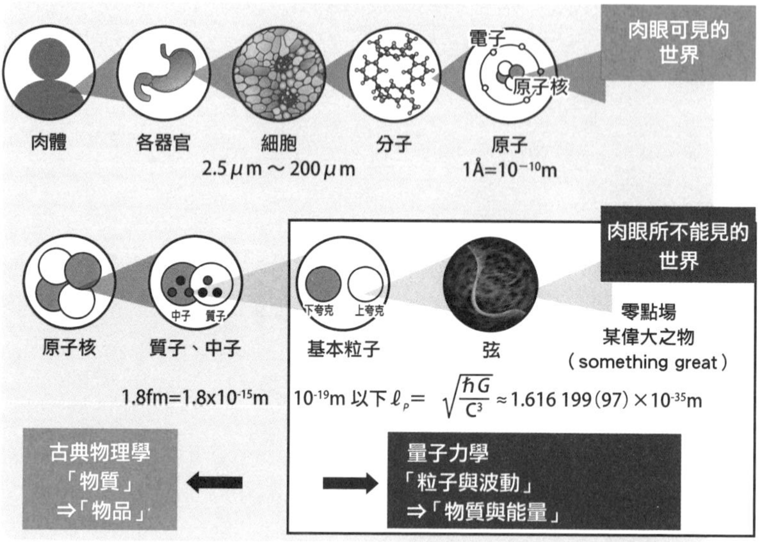

右，所以當然是沒辦法看見了。

同時一個個檢視此「分子」，就會明白它們是更小的「原子」這種粒子的集合體。

所謂「原子」有碳、氧、氫等等，種類繁多。

舉例來說將氧（O）以及氫（H）結合在一起就會成為水（H_2O）。

我們的身體則稍微複雜一些，是由碳、氧、氫、氮、鈣、磷、鉀等原子構成的。

數量龐大的「原子」聚集為「分子」，而數量龐大的分子聚集成為「細胞」，為數眾多的細胞則聚集為「人體」。

十五分鐘了解量子力學③

原子當中空蕩蕩，因此我們的身體其實也是空蕩蕩

將微小的粒子分得更細小一點，就是「原子」。

那麼原子裡面就是如何呢？

原子的中心有「原子核」，是由「質子」與「中子」構成的，另外有「電子」在外層飛舞。

這個「原子的世界」，大概是這樣的架構。

如果一個「原子」有東京巨蛋那麼大的話，那麼「原子核」（質子以及中

子）就是放置在正中央的彈珠，而「電子」則是更小的珠子，若隱若現自由飛翔。

這就是「原子的世界」。

而「質子與中子」當中還有「夸克（層子）」。

這個「夸克」與「電子」就是物質當中最小的顆粒，它們被稱為「基本粒子」。因為是最基礎的顆粒，所以被稱為「**基本粒子**」。

原子當中只有小小的原子核孤零零地在那兒，是個空蕩蕩的空間，而在那寬廣的空間當中有小小的電子飛來飛去。

這就是我們的身體。原子當中空蕩蕩的，因此基本上我們的身體裡頭也是空蕩蕩的。

十五分鐘了解量子力學④

明白基本粒子，就能看清不明確世界的祕密

更嚴謹一點地說明，「基本粒子」共有十七種，而原子當中的則是「夸克」「電子」與「光子」三種。它們的工作與性質也各不相同，夸克是物質的粒子、電子是電的粒子，而光子則是光的粒子。

「電子」會在空洞的「原子」當中飄啊飄，又忽然猛烈地飛過來飛過去、突然消失、又突然出現在好幾處。也就是說，它是「有」卻「看不見」的神祕存在，光子也是一樣。

我們的身體，就是由這麼神奇的「基本粒子」所構成的。

這麼一想，就會開始覺得我們自身的存在如同夢幻泡影一般。我們認為「相當明確」的這個世界，事實上也可以說是「非常不明確的世界」。

而要明白這個不明確的世界，線索正是「基本粒子」。

基本粒子是構成所有物體包含我們在內的基礎。也就是只要學習「基本粒子的性質與動作」（量子力學），就能夠了解「這個世界的祕密」（根本架構）。

十五分鐘了解量子力學⑤

應用量子力學為何會引發奇蹟？

基本粒子的世界，是以往物理法則完全無法適用「脫離常識的世界」。

舉例來說，在我們的世界當中，時間有著「過去↓現在↓未來」的連續性。但是在基本粒子的世界當中，並不具備時間的概念。發生於「現在」位於「此處」的基本粒子，於下一個瞬間可能有「存在於過去」這樣的事情。

同時也不具備所謂場所的概念。「現在」位於「此處」的基本粒子，也可能會「同時位於其他場所」。

在這樣的「基本粒子世界」，當中運作的規則實在非常奇妙。

但相反地，被認為是「世界上的奇蹟」那類神祕現象，若是以基本粒子的法則來解釋，就能夠非常簡單地說明清楚。

正因如此，我才會說「**應用量子力學便能夠引發奇蹟**」。

本書便是建立在這樣的思維之上。

我們是由不符合常識的基本粒子聚集而成的物體，而這個物體要引發「難以置信的奇蹟體驗」說起來也算理所當然。

順帶一提，基本粒子又叫做「量子」，而試圖解析「量子」這種神祕運作的學問，便稱為「量子力學」。

首先我們就來談談基本粒子當中，相當有趣的「**光子**」吧。

事實上我們也可以說，光子正是「引發奇蹟的關鍵」。

何謂光子？①

一切都源起自零點場！

所謂光子，指的是「光的基本粒子」，英文則為「photon」。

觀看太陽或者光線的時候，會覺得「好刺眼」對吧？

那是因為光子（光的粒子）飛進了眼睛裡。

光子與「電子」一樣是基本粒子的一種。

它與電子相同，**存在於你我身體當中的原子之內，也存在我們的周遭**。當然，物體當中也有。

那個我們看不見的微小「奈米世界」，若是有能夠看見基本粒子的「量子眼鏡」，那麼我們的世界應該會看起來就像是「**一整片霧茫茫的雲**」。

你是「霧茫茫的雲」，我也是「霧茫茫的雲」。空間也是「霧茫茫的雲」。

你如果移動，就是那片「霧茫茫的雲」飄飄然移動過去，大概是這種感覺。

我們是由基本粒子構成的，而基本粒子所在的原子當中是空洞。而且不是單純的空洞，**當中雖然沒有任何東西，卻充滿了能量**。

而這個充滿能量的場域就是「**零點場**」。

零點場就像是偌大的海洋，大家可以想像一下從當中蒸發出來的霧茫茫雲朵便是「基本粒子」，這樣應該比較容易理解。

零點場就是「能源場」，由該處誕生光子、電子、夸克等基本粒子。

也就是說，**零點場就是基本粒子的誕生源頭，是所有物質的來源**。

零點場充斥於構成我們的原子當中。同時也擴散在整個宇宙當中。

這聽起來有點難以理解，不過這正是「量子力學的世界」。

何謂光子？②

你的「意識」與「情緒」都是由光子構成的

德國的理論生物物理學者弗里茨．阿爾伯特．波普博士是這麼說的：「意識就是光。」

我們的身體當中，「細胞」裡頭是「原子」，會釋放出些許光粒子，也就是「生物光子」。

博士表示這就是我們的「意識」，而「情緒」亦然。

意識與情緒雖然都是眼所不能見之物，但它們的真面目都是「光子」。

舉例來說，當我們想著「好開心」的時候，全身這片霧茫茫的雲當中就會有「開心光子」交錯飛翔。

想著「真不安」的時候，身體這片霧茫茫的雲當中就會有「不安的光子」四竄，同時這些光子也會散溢到周圍。

何謂光子？③

就在這個瞬間，你的身體也有「粒子」與「波」散出

光子是以什麼樣的狀態外流的呢？

光子同時具備「粒子」以及「波」的性質。

由於情緒及意識也是由光子構成，因此比方說感到開心的時候，就會同時流出「開心光子粒」及「開心光子波」。

而你所散發出的「粒子」及「波」當然也會影響周遭。

大家是否有過以下的經驗？當你與看上去相當開心的人擦肩而過的時候，不

知為何自己也變得有些開心……

這就是因為那個人正散發著「開心光子」的緣故，那個人的粒子與波傳遞到你身上，因此你也同步感到開心。

當你「開心」的時候，也會發生這樣的情況。由於情緒就是光子，所以在這片霧茫茫雲朵當中，就會出現「開心光子」到處飛躍。它們的「粒子」會飛到外面去，「波」也會因為振盪而向外擴散。對方接收到這些光子以後，也會變得開心。

這並非只對人類產生影響。所有的物質及現象都是由基本粒子構成，因此**你所散發出的光子，也會影響物質與現象。**

舉例來說，古今東西方的成功者們總是提到：「強烈思索的事情，會化為現實。」彷彿就是在為這件事情背書，其實這應該也是由於他們散發出的光子造成的影響。

持續「強烈思索」，不斷散發出粒子與波之後就將會影響遍及周遭，最後就會化為現實。

何謂光子？④

以光子來說明《鬼滅之刃》的「全集中」

二〇二〇年大受歡迎的漫畫《鬼滅之刃》，是以主角竈門炭治郎為首的鬼殺隊成員與鬼戰鬥的故事。眾鬼能夠快速移動，從其他空間進行攻擊，而炭治郎等人則使用「全集中呼吸」來打擊鬼怪。

其實這個「全集中」招數，也能夠以光子的波來說明。

舉例來說，集中心神的時候，你的意識會變得如何呢？意識就是光子沒錯吧？它是「粒子」同時也是「波」。集中的時候，會散發出大量粒子與波。

約莫是下頁圖①的狀態。和②相比，顯而易見波的數量多上許多。

意識有頻率！

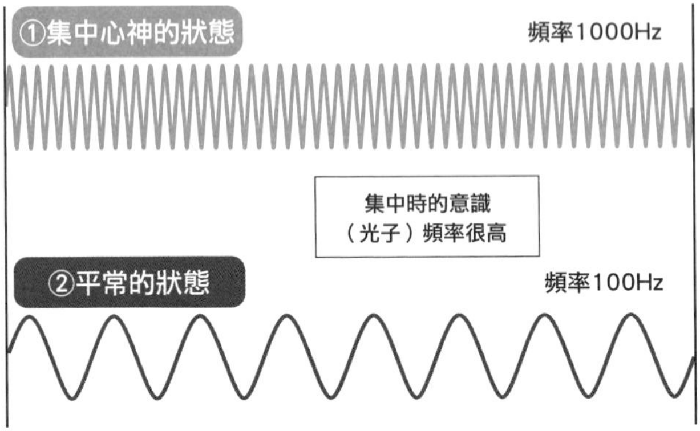

集中10倍就能夠完成更多的事情！

像①這樣波峰較多的狀態，表示「頻率較高」。②的波峰數量少，因此「頻率較低」。

而一秒內出現的波峰數量，便稱為「頻率」或者「振動數」，單位稱為「赫茲」，標記為「Hz」。

所謂「頻率一百赫茲」指的是「一秒有一百個波峰通過」的意思，波峰數量越多表示能量越高，也就能夠置入更多資訊。

那麼意識集中度「高的時候」與「低的時候」相比又是如何呢？

意識是光子（粒子與波），因此集中度高就表示「頻率較高」，正是充斥著大量能量的狀態，也就蘊含了大量資訊。

相反地，集中度低的時候「頻率較低」，能量和資訊量都是低落的狀態。

如此一來，相同時間內能夠做到的事情，理所當然會有差異。

舉例來說，若意識是「一千赫茲」，那麼一秒內就能夠處理一千件事情，但若只有「一百赫茲」，那麼一秒內就只能處理一百件事情了。

若炭治郎等人所執行的「全集中」，便是提高意識「頻率」也就是提升「頻譜」的話，那麼能夠發揮出高人一等的力量，也頗為自然合理。

透過「全集中」讓自己的頻率提升到比鬼還要高，那麼鬼的動作就會看起來較為緩慢，而且也能夠以較高能量進行攻擊。

何謂光子？⑤

越正向的情緒，越能傳遞出強悍而濃烈的光子

集中度高的時候，光子的頻率也會提高，有大量的「粒子」會四散出來。

相同地，你的情緒也會改變光子的狀態。

舉例來說，「開心的時候」光子是五萬赫茲，而「悔恨的時候」光子可能就是五百赫茲。換句話說「積極的情緒」頻率高上許多，那麼波峰數也會比較多。

在消極的頻率當中，波會發生消極物質化；而積極的頻率當中波則會產生積極物質化。

大概就是這種感覺，請試著想像一下。

將小石子咚地丟往寧靜的水面上，會飛濺起小小的水滴，波紋也慢慢擴散到整個水面。只要石頭越大，就能夠打造出更強的波紋並且擴散到更遠的地方。

同時光子的粒子量，也會改變物質化的形成方式。

舉例來說，若光子的粒子有一百粒和有一萬粒，要實現事情的難易度就相差甚遠，粒子越多當然越容易實現。

如果從你身上散發出「一萬粒消極光子」和「一百粒積極光子」的話，那麼消極行為就會比較容易實現。

相反地，若是散發出「一萬粒積極光子」和「一百粒消極光子」，那麼就比較容易實現積極行為。

粒子量會根據「想了多長一段時間」以及「想得有多麼強烈」而改變。越是長時間思考、想得越是強烈，光子的粒子數量就會一直增加。

光子是「光的粒子」，因此無法直接形成物質，但是能夠改變電子的狀態，而電子是同時到處存在的不確定性存在。

不過一旦念頭轉往該處，意識就會轉為光子（光的粒子）照射過去。如此一來，原先不確定的電子就會成為「確實的存在」，也就是物質化。

光子的粒子量越多，物質化就會持續進行下去。

這表示光子的波和粒子都會因為你的「意識」而有所改變。

也就是說，**你的意識正是物質化的振盪源頭**。

「思考」與「物質化」之間，有眼所不能見的光子在運作。

我先前也有提到「實現想法」「達成願望」等，這並非精神上的事情，而是透過基本粒子打造的科學現象。

繼續閱讀本書更加了解之後，你的意識就會改變，你的「想法」與「願望」也都會漸趨成形，而逐步「化為現實」。

在這章最後，我要向大家說明一件事情。

曾學過量子力學的人，可能會心想：「咦？基本粒子之後不是還有超弦理論的『弦』嗎？」

沒有錯，目前已知的「十七種基本粒子」都是由「能源之弦」所構成，並且宇宙也是依此理論建構。而弦是由「零點場」在每個瞬間出現又消失、消失後又馬上出現的存在，這些弦各自成為基本粒子。

但是若提到「弦」會讓大家更加混亂，因此本書當中就割愛不談論了，尚請諒解。

第 2 章

與零點場連繫的方法

——為何能夠提高腦力？

你是否也曾經發揮過，

連自己都大感意外的力量？

是否曾經有過類似直覺般的念頭？

那些究竟是從何而來的呢？

祕密就在「零點場」當中。

看樣子，

我們與這個「無限大的場域」是相連繫的呢！

明白這點，

就能夠大幅提升學業或者運動的成績。

為何在學業與運動都能展現驚人成果？

「我以前數學考三十八分，現在只花了八個月就拿到九十一分！」

「全國偏差值班八十四．九！」「校內偏差值一〇三．九！」

「關東大賽冠軍！」「東日本大賽亞軍！」……

這些是我們學校的學生，實際展現成果的案例。

我們學校的強項就在於除了學業之外，還能大幅提升運動、藝術及文化方面的成果。

我並不是特別重視學生們的分數或者名次，甚至覺得那些都是次要的，真正最重要的，是內在方面的成長。分數和名次這些都只不過是調整心靈以後獲得的成果罷了。

真的有很多令人感動的學生。比方說有位曾因偏頭痛而苦惱的孩子，在打理好內在以後成為學生會長。失去父母而走投無路的孩子，以自己的力量一路讀到研究所。原先不斷說著數學「搞不懂啦！」的孩子在縣比賽中獲得冠軍，曾經繭居在家不去學校的孩子入選了機器人大賽佳作，後來邊上高中，邊去企業工作……像這樣憑藉自己的力量來拓展道路的孩子真的很多。

那我們學校到底做了些什麼呢？

當然會教導一般的課程，但同時我也會教授大家量子力學。這本書裡講述的內容，我會每天向學生介紹一些。

如此一來學生們的**意識就會改變**，當然**光子也會變化而帶動頻率的變更，結果當然就是改變了現實**。

「意識全集中」也能夠引發奇蹟

前一章已經使用光子說明了《鬼滅之刃》當中的「全集中」。

但那並非漫畫劇情或是幻想的東西。

那是現實世界當中真的會發生的事情。

大家聽過「場域（ZONE）」這個詞彙嗎？

這是指自己也無法說明「超人一等的感覺」。

舉例來說，球看起來像是慢動作播放的影片、演奏樂器時手不知不覺動著等等神祕的現象。在我的學生當中，也有好幾位有這種經驗的孩子（第三章會向大家介紹）。

為什麼會發生這種感覺和現象呢？

這當然是因為時間挪動了、空間的密度也改變了。

詳細一點來說，這其實就是應用了光子的性質，只是當事者沒有發覺而已。

但是只要讀過本書以後就能夠理解。

實際上時間的確會產生差異、空間的密度也能夠更高。

改變時間與空間，只要你去想就能夠辦到了。而成果就是你能夠在自己擅長的領域當中「突飛猛進」。

巧妙使用光子，就能讓你的人生好轉

這本書中要提的事情，並不僅限於課業、運動和藝術。不管是考證照、興趣嗜好、養兒育子、烹飪、駕駛等，都能夠應用這些技巧。

你也能夠發揮出自己還不知道的能力、身為人的魅力，不管在工作上或人際關係都能夠做出良好成果，也可以逐步消除生活中的煩惱。

我已經見過許多令人欣喜的例子。

連年赤字的公司，營業額是前一年的十二倍；和三年都沒交談的丈夫，兩人的感情恢復了；因重病而難以步行的人，竟然起身走路；辭掉那令人感到種種不滿的公司而獨立創業後，經濟情況也變得相當順利等等，大家的人生都好轉了。

同時這些案例北至北海道、南及沖繩，還有韓國、新加坡、杜拜、芬蘭等處，也都有人因為實踐了我的做法而獲得良好成果，並為此向我道謝。

這些都是光子運作的功勞。使人生不順遂的是光子，而讓人生好轉也是光子的影響。

我在本書中提到的事情並非「信或不信」之類的話題，而是物理現象。就和「加熱冰塊，它就會變成水」或者「氫加氧就會成為水」是相同道理的事情。

光子，是隨你心之所向來使用的。

這樣一來就能夠操控時間與空間。比方說可以把一小時當三小時用，現在的空間密度變高，以後就能夠擷取到更多的資訊等等。

能夠讓「時間」快速前進或者緩慢進行

首先是關於時間感的問題。

你有沒有過「時間一下子就過去了」這種經驗呢？

我想應該所有人都會回答「有」吧。當你在玩遊戲、看漫畫，或者熱中進行某件事情的時候，時間就過得很快。

相反地，是不是也有「時間過得好慢，怎麼才幾點而已」這樣的經驗呢？

我想應該也是所有人都會回答「有」吧。

我也有這樣的經驗。高中的時候在上《世界史》時，一邊偷偷吃便當，同時想著：「還要三十分鐘才下課，好無聊喔。」之類的事情。

也就是說，熱中於某件事情的時候，「時間會快速前進」；而覺得無聊的時候就會發生「時間緩慢進行」的現象。

我再問一個問題。

「時間過得很快」與「時間過得很慢」的差異是從何而來的呢？

正是量子力學，這件事情與「奈米世界」有關。

在我們的世界當中，可以稍加預測「時間」。

舉例來說，我所居住的群馬縣沼田市，與東京都練馬區相距約一三〇公里左右。從我家出發去東京的時候，可以推算「走高速公路以時速八〇公里移動，到練馬大概是一小時四〇分鐘左右吧」這樣的時間預測。

但是在「奈米世界」當中，這個常識卻無法通用，是完全無法預料的。

比方說有個基本粒子在「沼田與東京之間」移動，那麼就會發生非常離奇的現象。

很可能在離開自家的「同時」就抵達東京，又或者是「明天」才抵達，最誇張的是可能在「三天前」就到了。

咦！竟然會回到過去嗎？這是怎麼回事？

沒錯，讓我來說明一下。

你能夠回到昨天嗎？

我想應該是沒辦法。

那麼，你是否能夠回想起昨天的晚餐「實在很好吃」或者「口味不怎麼樣」的感覺呢？

這就是量子力學中時間的感覺。

雖然「肉體」無法前往昨日，但是感到美味這種「情緒」卻能夠回到昨天。

那是因為「情緒」的真面目，是「光子」這種基本粒子。

你「現在」位於「此處」，但是情緒的光子與「其他時間」相連，因此可以在瞬間來回兩處之間。

「光子沒有時間的概念」，就是這個意思。

只要利用光子這樣的性質，**就能夠操控「時間」**。

為何在這個學校，成績能夠提升？

在我們學校，不會把分數當成目標，但是分數仍然會逐步提升。

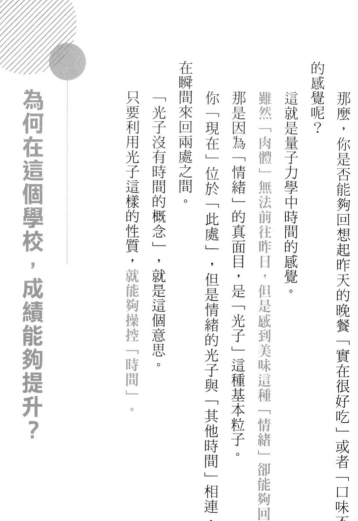

曾經有考試老是拿三十分的孩子，幾個月就提高到七十分左右。

我並沒有給學生設定「要拿到七十分」這個目標，他是在收到考卷以後，才非常驚訝地告訴我：「我竟然考了七十分！」

為什麼會發生這種事情呢？

我總是讓學生進行「腦部升級」。

腦部的版本有著以下階段。

①人類努力等級→②人類天才等級→③神明附身等級

我向他們說明腦部有這樣的等級區分，自己可以努力升級。

理解這點以後，學生們就會覺得「我可以提升自己腦部的版本」，光是這樣就能夠逐漸提升分數。

一直無法進步的成績，為何能夠突然提升？

有種圖表名為「S函數曲線圖」（下頁圖表）。

這是能夠用來分析課業或運動等各式各樣領域的圖表，用來表現「能力如何隨著時間而上升」。

學習及運動若是能依照時間比例進展就好了，但實在很難辦到。

開始的時候會馬上有進步，畢竟是從零開始，所以當然會進步。

但是過一陣子以後就會沒有進展了，會進入「不管怎麼念，成績都不會變好」「即使努力也無法做得更好」的停滯期。

如此一來，就可能認為「我大概不行了」「其實我根本不適合做這個」而打算放棄、丟在一邊不管或者完全不再繼續，也就是所謂的「挫折」。

但只要不受挫而努力持續下去，會在某個時候又突飛猛進。

這就是S型函數理論。

S函數曲線圖

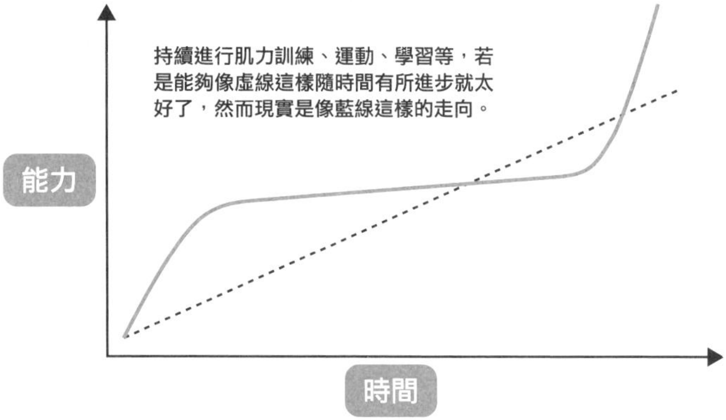
持續進行肌力訓練、運動、學習等，若是能夠像虛線這樣隨時間有所進步就太好了，然而現實是像藍線這樣的走向。
能力
時間

為何停滯的成績會再次得以提升呢？

簡言之，就是「**腦部產生了變化**」，也就是「腦部升級」。

接下來，我們以「量子力學」來說明這種情況。

以量子力學來看，何謂「腦部升級」？

以量子力學來思考，腦部會以【人類努力等級】↓【人類天才等級】↓【神明附身等級】逐步變化。

以下說明每個腦部階段的情況。

【人類努力等級】

也就是從零開始，突飛猛進的階段。這是由於腦部神經細胞的神經元互相連結，打造出突觸，也就是電線一條條都接起來的感覺。

電線接得越多，就能讓不同的部分相互合作，也就變得比較聰慧，也得以進行運作。但是線路一旦延伸得太過複雜，就很難繼續推展開來。也就是思考著與周遭之人比較競爭而感到焦慮這類不必要的事情，就會讓心神無法集中，而開始煩惱沒有進展一事。

但若這時候沒有放棄，電線就會繼續增加，同時也會慢慢整理好，就能夠運作更多的功能，如此一來便能度過停滯期。

【人類天才等級】

逐步蛻變為「量子腦」的結構。腦部是漂浮在髓液當中，會轉變為連同像水一般的髓液一起使用的概念。

在【人類努力等級】當中，是由接上多少電線、又能夠做出多細緻的網目路線來決定當事者是否聰慧。但進入【人類天才等級】以後，就會變化為使用包覆該電路網的「水團整體」的概念。

【神明附身等級】

超越自己腦力的狀態。舉例來說，就好像自己的腦部是智慧型手機（個人終端機），但是連線到龐大的網路上那樣。

這樣一來，就會發生類似「直覺下載」的情況。腦中會出現靈感、一閃而過念頭而去做的行動能夠順利，發生危機的時候也會得到援手。

腦部使用範疇的概念

	使用範疇	使用媒介	概念
人類等級	突觸	神經路線	相連的電線數量
天才等級	量子腦	髓液（水）	液體整體
神明附身等級	ZPF	ZPF	宇宙整體

ZPF：零點場

S函數與腦部相關示意圖

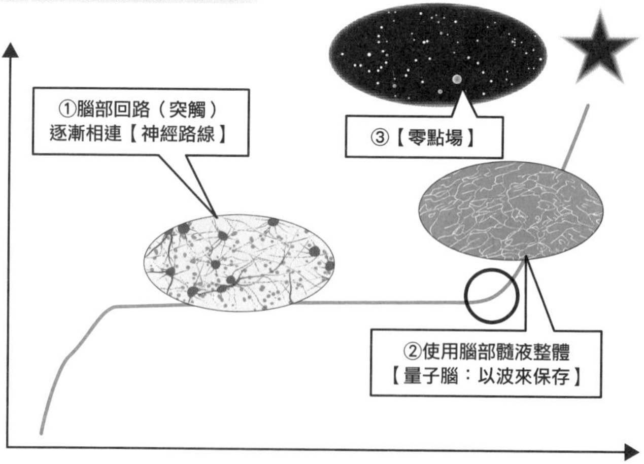

這是由於來到這個等級，腦部就會與零點場相連。

你也能夠成為「神明附身等級」

一旦腦部與零點場相連，你也能夠成為「神明附身等級」。

當然我這樣說，你也沒辦法馬上有「噢，這樣啊」的認同。

因此我會依序說明發生的機制，但在那之前我想先介紹所謂「天才」之人說的話。

首先是獲得諾貝爾物理學獎的愛因斯坦博士曾說過這樣的話。

「單一的人類，是我們所謂『宇宙』整體的一部分，也就是受到時間及空間限制的一部分。」（引用《睿智的海洋與宇宙》／厄文．拉斯路著）

這是在說明「宇宙」與「我們人類」之間的關係。

總覺得好像聽得懂又不是很懂呢（笑），這說法聽起來的確有些困難。

那麼換句話看看？這是天才作曲家莫札特說的。

「（樂譜）並非我所寫出來的，我只是把另一端傳來的曲子抄下來罷了。」

這樣就能聽懂了吧？莫札特就像是下載曲子那樣接收旋律，這正是腦部與零點場相連的狀態。

還請想像一下智慧型手機。

就算是你拿著手機，如果處在一個沒有訊號的地方，也還是不能看YouTube對吧？但如果在有訊號的地方就能看了。

跟手機的情況一樣，你的腦部一旦連線到零點場，眼前就會發生相當厲害的事情。

第一章當中我也曾提過，零點場充斥於我們身體中的「原子」內部，也擴散在整個宇宙當中。

也就是說，零點場就在你的身體裡，同時也充斥在你的周遭，只是你沒有發現而已。畢竟這是眼睛看不見、手也觸摸不到的能源及資訊，就算是因此受惠，也很難發現。

應該要如何才能連接零點場？

那麼應該如何才能連線到零點場呢？

首先從曾經進入「場域」學生們的經驗談來思考，我想以下的方法是比較容易成功的。

也就是「好開心！我好興奮！」「極度集中狀態」「發揮自己的力量」。

連線到零點場，並非什麼特別的體驗。

在我們學校，每天都有許多學生體驗這件事情。

比方說小學六年級的N同學，他來到我們學校之後，就能把自己的力量發揮在桌球上，還參加了全國大賽。

我告訴學生們：「任何人在各種領域當中，都能夠達到神明附身等級。」只要學生回答了問題，我就會大大地誇獎他們：「噢，太好了！你真的很棒呢！」或者「真不愧是○○同學！你果然行嘛！」

於是學生們也會開始想著：「我也可以成為神明附身等級！」如此一來成績就會有所進步，也會察覺到「我連線到零點場了」。

擅長打桌球的N同學，在學校裡玩漢字遊戲的時候，經常會說：「等等，我要下載一下。」然後等待著來自零點場的直覺（笑）。

所有的人、物、現象都與零點場相連

你知道稻盛和夫這個人嗎？他是京瓷公司的創業者，只花費了兩年八個月，就讓實質上已經破產的ＪＡＬ（日本航空公司）重新回到股市，是相當厲害的經營者，他說過這樣的話。

「關於突破性的發現或發明，都是在人默默努力的時候、或是偶然去休息一下、又或睡著時在夢中，有如上帝的啟示般，賜與那創造性的靈感瞬間。這個宇宙有著智慧的寶庫、真理的寶庫，若是能夠傾注純粹的熱情、專心一志努力向前，上帝就會打開那智慧寶庫的大門，有如射下一道光線一般，授予你克服困難及障礙的靈感。」

這完全就是「神明附身等級」了呢！當然稻盛先生並沒有說什麼「神明附身」這種用詞，但他說的內容是一樣的意思。

披頭四的約翰・藍儂也說過這樣的話。

「在我躺著的時候，曲子會忽然以『完全的形態』包含歌詞和旋律一起來到我心中。這能說是『寫曲』嗎？我只要坐下來，曲子就會自己奔到我身邊哪。」

順帶一問，「神明」是什麼呢？

針對「神明」，愛因斯坦博士曾說過這樣的話。

「我每天都在支配宇宙和諧的法則當中與祂對話，我不認同建設在畏懼上的宗教，我的神明是透過那個法則與我交談。」

（引用《愛因斯坦談神明》／威廉．赫爾曼斯著）

愛因斯坦博士還曾說過這樣的話。

「人類雖然體會到自己的思考、情緒獨立在其他部分之外，但這是一種錯覺，也就是人類的意識遭到視覺欺騙。」

（引用《睿智的海洋與宇宙》）

這句話聽起來有點難，我以自己的話再翻譯一次。

「我們每個人看起來似乎各有不同，但其實全部都是從一整片的『零點場』切割出『當下在此』的部分，成為所謂的『你』。

我們認為自己的思考與情緒是來自於自己的腦袋，這只是你的成見。其實你是從『零點場』接收了這些東西。這是因為我們乍看之下都是『個體』，所以才會深信自己是獨立的存在。」

說得更簡單些，就是「**我們都是零點場的一部分**」。這正是「所有的人、物、現象都與零點場相連」。

第 3 章

提升頻率讓思想化為現實

—— 平行世界移動法

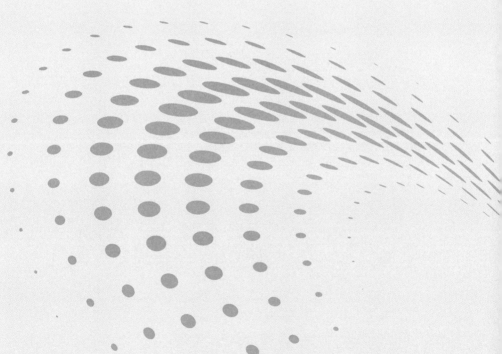

實現夢想的人、夢想破滅的人。

這兩者的不同，是生來便有著不同的命運嗎？

不，是因為「意識」不同。

我們是有著固定頻率的「不明確存在」。

不管是糟糕的人生或者美好的人生，

都有可能實現。

只需要一個轉身就能切換到另一個世界。

這不是科幻，而是現實。

為何你的目標一直沒能實現？

在第一章我曾說過「意識」及「情緒」的真面目，都是「光子」。

光子具備各種有趣的特徵，其中一項便是**「意識（光子）偏移的方向機率接近一」**。

這聽起來有點難懂對吧？那我用簡單一點的例子來說明。

比方說你期許自己「成為醫生」，而將自己的「意識」往那個方向轉，就會實現「成為醫生」這件事情。

咦，真的嗎？只要想成為醫生，就能成為醫生？

是的，沒有錯。

但是，最重要的是**你散發出什麼樣的光子**。

如果你想著「成為醫生」的同時，還想著「現在好想去玩」的話，那麼就會實現「想去玩耍的自我」。

問題的重點就在於「意識偏移的方向機率接近一」。因此反過來說，若是**「意識分散了就不會實現」**。

我想大家都知道所謂意識，有浮現在腦海中的「顯在意識」，以及沒有自覺的「潛在意識」。這兩者相比之下，潛在意識大上許多，因此比較容易發生「潛意識得以實現」。

比方說就算表面上思索著「成為醫生」，但大部分的人潛意識當中都有著「要成為醫生很困難」或者「得要為了生活而工作」等等各種其他念頭。如此一來**「為了生活而工作」的潛意識機率會比較接近一，那麼也就比較容易實現**。

你的目標沒有實現，應該就是因為有著那樣的潛意識。

另外還有一個目標無法實現的重大理由。

就是**周遭意識的影響**。

社會上大多數的人都有著「為了生活而工作」這種念頭，因此在我們的周遭有大量這個類型的光子四處流竄。

就算你散發出一百顆「成為醫生」的光子，而潛意識散發出一千顆「為了生活而工作」的光子，那麼你本人就會和周遭充斥的光子同步，如此一來會實現的就是「為了生活而工作」。

那麼，你的目標就此無法實現了嗎？

當然不是這麼一回事，**只要做到讓「意識偏移的方向機率接近一」**就行了。

持續抱持著「絕對要成為醫生」的強烈意識。

然後讓自己身處在有著相同念頭交錯的環境當中。

這樣一來，光子聚集的機率就會相當接近一，目標也就容易實現。

只要改變頻率，無論是什麼樣的人生都會好轉

為了要實現目標，光子的「頻率」（振動數）也非常重要。

在前面第一章，我也曾提過意識（光子）的頻率問題。也就是人在全集中的時候，由高等意識散發出來的光子數量較多、頻率（Hz）也較高。

接下來我們會一邊談論「平行世界」的事情，同時讓大家更加理解何謂頻率。

在我們周遭有無數的波交錯而過，這當中包含我們自己散發出光子的波、也有其他人散發出光子的波。當然也有電視、廣播的電波，還有網路的電磁波。

這些波除了四散於我們周遭以外，也會穿過我們的身體飛散而去。

而每個波都有各自的頻率（Hz）。

比方說在日本關東地區，NHK電視台的電波是557（MHz）。日本電視台

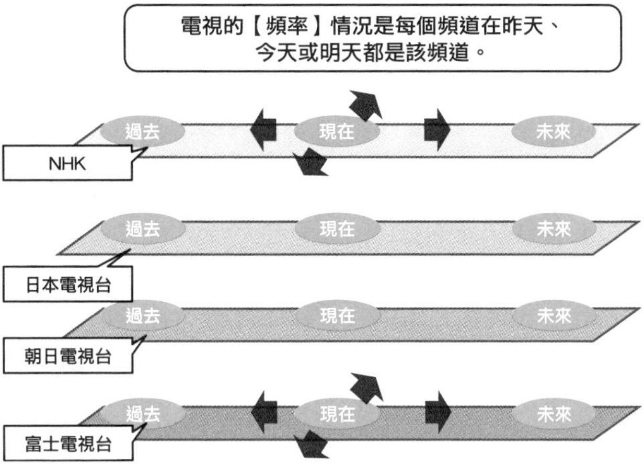

是545、富士電視台是521、朝日電視台是539，各自的頻率（Hz）不同。

由於頻率不同，因此電視台能夠各自播放自己的節目。將頻道轉到「1」，就會看到557的NHK。如果不改變頻道，電視就一直維持在NHK的節目。

但是將頻道換成「8」以後，就能夠切換為521的富士電視台。

電視也會從「NHK的世界」，轉換為「富士電視台的世界」。

這就是所謂的平行世界。**大量具備不同頻率域的世界同時存在**，只要調整到該頻率，就能夠看到並體驗那個世界。

事實上我們的人生也會發生一樣的事

情。

舉例來說，你的頻譜是「不滿Hz」。如果不改變那個頻道，那麼你不管是昨天、今天還是明天，都會一直處在「不滿Hz」的世界當中。

但如果你將頻譜域更換為「幸福Hz」，在那瞬間就會切換到「幸福Hz」的世界去。不是只有當下，而是昨天、明天也都在那個世界當中。

咦，真的嗎？

是真的。以量子力學來看，這是真實的現實。

你看得見NHK或富士電視台的電波嗎？你有感受到電波貫穿了你的身體嗎？

電波看不到、也感受不到對吧？

但是電視上卻能播放出了NHK或富士電視台的影像。

世界也是這樣的。

你存在於自己調整的頻率的世界，並且使該處發生物質化。

明明是你自己轉的台，卻沒發現這件事情。只是毫不懷疑地相信那是「自己的世界」，然後對於「世界只有這一個」深信不疑。

改變頻率之後，現在、未來以及過去都會改變

如果你覺得「人生不順利」的話，那麼就得立刻更換你所在的頻道，也就是馬上將頻道轉到其他頻率去。

這個世界上有電視、廣播、網路的電磁波四處交錯飛散，同時也存在著無數的「基本粒子世界」，只是你不知道罷了。

平行世界簡單來說，就是「彼此並列的世界」。

因此要移動到其他世界是很簡單的，只需要改變「意識」。如此一來你的現實世界就會像是從NHK轉台到富士電視台一樣直接改變。

只要切換到「幸福頻率的世界」，那麼就會進入「從過去到未來一直很幸福」的狀態。

咦，過去也會改變嗎？

是的，過去也會改變。

我以大家比較熟悉的話題來請大家思考，比方說親子問題好了。

應該有些父母只要是面對孩子，就特別容易叮嚀各種事情。雖然這是由於他們關心孩子所以比較嚴厲，但是在孩子眼裡實在令人感到厭煩，當中甚至會有人誤以為「父母討厭我」而內心懷抱憎恨。

然而孩子長大以後就能夠逐漸了解父母心，這種親子之間的糾結不分時代，室町時代就有人誦詠這樣的歌句：

垂乳根她那　各式責備與叮囑　過往之話語　在她往生後方知　當懷抱感恩

（《新後拾遺和歌集》／前大納言為氏）

垂乳根是指母親。歌曲內容是說：「母親那些責備我（指正我缺點）的話語，當時覺得相當厭煩，直到母親過世以後，我才明白那些話語有多麼令人感激。」

父母親擔心我、希望我成長，而試圖讓我的才能有所發展。理解這番父母心以後，就能夠發現他們對於自己的嚴厲「皆來自愛」。

在那瞬間，就像是黑白棋的棋盤上，那一整排黑色棋子瞬間都翻過來成為白色那樣，由「憎恨Hz」切換到「愛Hz」。先前對於父母懷抱的怨恨，就連過往的時光在內，都會轉變為愛。

也就是移動到另一個平行世界去了。

因此在意識（頻率）變更的瞬間，你的世界就變了。不是只有現在，而是過去與未來都會改變。

接下來我就介紹幾個改變自己的頻率，因而改變了人生的例子。

〈思考之物質化〉
脫離「反正不行啦」那樣放棄人生的世界

有位四十來歲的H先生，在二〇一五年秋天來聽我的演講。

當時H先生已經轉職多年，認定「工作是為了生活」而終日過著妥協的生活。每天都覺得上司也不好好聽人說話，只能和同事互相抱怨，我感覺到他有些放棄自己的人生。

但他在聆聽我的演講以後，意識產生了改變，建立起一個目標。而且是相當具體的「想要照護有智能障礙的孩子，為此要創立自己的事業」。

據說有一天，H先生在自己的內心聽到了「枷鎖斷裂的聲音」，就像是有人在背後推一把奔跑了起來，他開始準備照護工作的事業，辭掉了公司的工作。

他回顧自己當時的心境是這樣的。

「我能辦到！我才四十五歲而已呢！事業的資金跟銀行借就有了，大概是這種感覺，我內心的『枷鎖』逐步鬆開，其實一開始應該就沒有『枷鎖』這種東西，但我發現到為了保護自己，找藉口而在心靈上自我上了『枷鎖』。」

H先生的例子很顯然是「思考之物質化」。

「基本粒子」是由零點場而生，零點場中思考的能源「光子」互相碰撞，就產生了基本粒子，而基本粒子會化為物質。

一般認為這就是「這個世界」的結構。

如果「反正不行啦」這種思考頻繁地互相撞擊，那麼「辦不到」這件事情就會化為物質。辦不到的事情接二連三化為現實，忍受這些事情活下去，就會變成「自暴自棄的人生」。

但是像H先生這樣以強烈的「我辦得到」思考相互撞擊，那麼目標就會逐步實現。

他從開始參加我的講座兩年後，就踏出了事業的第一步。

H先生表示：「透過照護，將那些孩子內在最閃耀的東西展現出來，讓那些孩子的狀態變成『我存在這裡真是太好了』，讓我感到幸福不已。」

華特・迪士尼有句名言是：「If you can dream it, you can do it.」（如果你能描繪自己的夢想，那麼就能實現）。

華特有著強烈打造「大人也能享受夢想的主題公園」的念頭。他為了建造迪士尼樂園而向銀行借款時，已經五十三歲了。但是他曾有過破產經歷，因此不斷被銀行拒絕，次數高達三〇二次！

然而他並沒有放棄。在第三〇三次的時候，銀行終於接受他的融資申請，也才建造了迪士尼樂園，那時華特五十五歲。

這個故事是在我準備大學重考的時候，從英文廣播會話雜誌上讀到的，我大受鼓勵而將這段話剪下來，貼在英文字典上。

「If you can dream it, you can do it.」

這件事情從量子力學上也獲得證明。

〈平行世界〉脱離繭居於其中的世界

前來講座的K小姐容貌秀麗，但不容易與人親近，甚至要和人打個招呼談話都辦不到。

之後我才知道她的父親自殺身亡，而與她相互依賴的丈夫又猝逝了，她的人生過得非常辛苦。

我告訴她關於平行世界的道理，然後試著建議她寫「誇獎自己的日記」。所謂「誇獎自己的日記」，是指持續寫著誇獎自己事蹟的日記。每天找出自己做得不錯或者相當努力的事情，然後在日記上寫下「做好〇〇的我，實在很厲害」「做了〇〇的我，真的非常努力呢」。這種日記對於潛意識中「否定自己的人」非常有效，因為這樣會認可自己、重視自己。

K小姐每天都會寫「誇獎自己的日記」，我也請她要拿給我看。之後便發現她逐漸向講座的其他同學緩慢敞開心房，可以感受到她的溫柔、深情以及由內在湧出的能量都在增加。

在參加講座的八個月後，她遇上了A社長。A社長對於K小姐的個性評價相當好，因此告訴她：「要不要來我的公司工作呢？」

她相當開心地接受了。當時她也對於自己原先身為約聘員工的待遇及福利等感到不滿，但更重要的是獲得其他人的認可，這讓她著實地感到開心，也覺得自己這樣很好，我也另外給了她建議。

「離開現在的職場時，請好好表達自己深切的感謝之心。因為感謝越深，更能夠決定接下來的平行世界，在下一間公司重新展開人生。」

A社長將K小姐錄取為正式員工，幾乎沒有加班，年收入也提升了二〇%以上。在能夠發揮能力工作的環境下，她也逐漸找回了自我。

K小姐的意識由「不信任Hz」「不安Hz」轉換到「感謝Hz」，而移動到另一個平行世界了。

K小姐現在仍繼續寫「誇獎自己的日記」，當中有這樣一段話。

「我的自我肯定感增強了，生活變得更輕鬆。我為了自己真的很努力呢！我真是太厲害了！」

「就算有什麼討厭的事情，也不加以掩飾，而是好好面對、發現這件事情，以感謝的話語帶過讓整件事情昇華，我這麼做真是太棒了！我一直在成長呢！」

〈平行世界〉讓自己感到喜悅，頻率提升後，才能便會大放異采

我們是由基本粒子打造的，在量子力學上是有如「霧茫茫的雲」般的存在。並非只有我們如此，這個世界上所有的物質都是這樣。

你的日常情緒及發生的各種事情，都刻劃在那片「霧茫茫的雲」上（但因為是雲狀，說是「溶在其中」可能比「刻劃」來得恰當吧）。

不管是「開心」「悔恨」這些情緒，還是「沒問題」「說了謊」「那個人為我感到開心」「自己向妹妹道歉」等事情都刻劃在上，成為你固定的「頻率」（Hz）。

這就是你的「個人資訊」，也就是你的「靈魂」。

而你也會從零點場那裡接收符合自己「頻率」的能源及資訊。

接下來我們談談「才能」以及「頻率」吧。

每個人都身懷某種符合當事者的才能出生。

可能有繪畫天分的孩子，他便具備該「頻率」。若是零點場溢出與該才能相同的波，那些波就會大幅度共振，使其天分開花結果，這就是那些被稱為「天才」的人。

在我的學校裡有個學生M念到專科學校後，參加花藝比賽一路晉升到全國大賽，學生H則以其書法專長，奪下了全國綜合文化祭的特別獎。

他們兩人為何可以接二連三發揮才能呢？

是因為他們「讓自己開心」。

他們試著「不要壓抑自己」「為自己加油」「展現自己」，然後想著「將所有光子集中在自己熱中的事情上」。

我認為周遭之人的力量也很強大。

周遭的人們為他們打造出一個「不要壓抑他」「為他加油」「引導出他的力量」「讓他集中心神在自己熱中的事情上」這樣的環境。

如果你是父母親，又或是老師、指導者、前輩、上司、經營者，那麼可以試著將「讓對方開心」「不要壓抑對方」「為他加油」「讓他集中」這些事情放在心上。

這樣一來，對方的頻率會每天逐漸提高，也會上升到另一個平行世界。**而且不是只有對方上升，你自己的頻率也會提升。**

假設每天都往平行世界前進一階，這樣一來十天後就上了一層樓，一個月後是三層，一年後就高升了三十六層。

如此一來不管是相遇的緣分、事情演變情況、最後的結果，流動的時間及空間密度都會完全不同，大家的才能就是這樣開花結果的。

〈平行世界〉認定自己，便能提升頻率、看見對方

接下來稍微聊聊我自己。

我在三十七歲罹患憂鬱症之前，非常不擅長「理解他人心情」。而且等級上來說是「相當大的缺陷」，完全無法理解別人的意思。

因此我在學生時代讀書的時候，國語成績實在糟到不行。模擬考當中，我幾乎達成閱讀零分、古文零分、國字零分這樣的「三顆鴨蛋」呢。

即使進入社會以後，我還是無法理解他人心情，人際關係只有越來越糟。因此我也相當自責，最終被醫院診斷有「憂鬱症」。

原因是什麼？我重新深刻他檢視自己。

我所看到的就是「壓抑痛苦感情」「不誇獎自己」「內心一直苛求自己」這些事情。因此我開始試著認同自己，老實地告訴自己「這樣真的很痛苦」，不再抨擊自己的心靈。

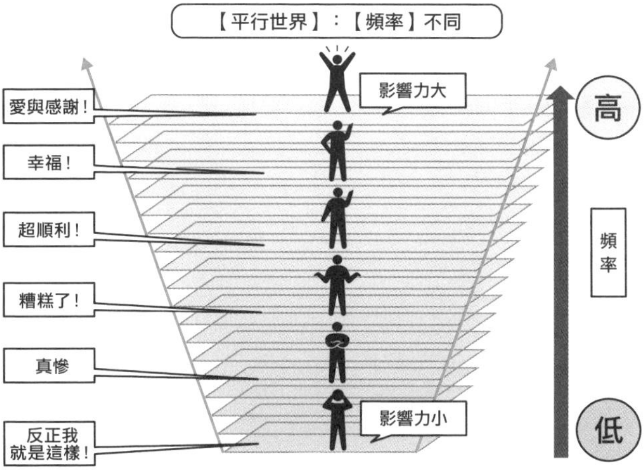

結果我的世界也翻轉了。**在我理解自己情緒的瞬間，忽然也能夠了解別人的情緒。**

這個變化對於我來說，實在非常震驚，只是讀個電子郵件便能夠切身感受到對方的情緒波動，就算對方沒有開口說出來，從身體溢出的情緒和心底深處湧現的感受、有什麼動靜而瞬間展現的波等等，都能夠真實地感受到。除此之外，甚至可以理解這個人過去是處在什麼樣的狀況中。

「這個人曾有過相當痛苦的經歷，所以現在閃閃發光，他真的是跨出很大一步呢」還有「這個人完全不反省自己，反而一直批判周遭，跟家人應該也處不好吧」

之類的。

我只是將意識的頻道**由「責備自己糟糕Hz」轉變為「認同自己Hz」就發生如此急遽的變化**，可見「量子力學」的世界真的非常奇妙。

但仔細想想，這也是理所當然。畢竟光子的波，就和電視或收音機一樣是電磁波，因為**光子是將資訊放在頻率（Hz）當中運送的基本粒子**。

就像是電視台發出的電磁波搭載著連續劇或新聞飛翔，我們散發出的光子也搭載著訊息。

〈複習量子力學〉為了讓你成為「神明附身等級」

為了讓大家能夠理解得更確切一些，我稍微整理一下前面的內容，請一邊打勾一邊閱讀。

□我們是由「基本粒子」這種微小粒子構成。
□除了我們，這個世界上所有的物質與現象，也都是由「基本粒子」構成。
□意識及情緒的真面目，是「基本粒子」當中的「光子」。
□「光子」是一種粒子也是波，因此會跑到外面去。
□越是維持積極意識，「光子」的粒子也會增加、頻率會變高。
□「零點場」是充滿能量及資訊的地方。
□「零點場」存在於我們的身體當中，也四散於宇宙。
□意識（光子）撞擊「零點場」，就會有基本粒子飛出來。
□意識的頻率（Hz）撞擊零點場，就會產生現象。
□我們各自擁有固定的頻率（Hz）。
□我們處在自己固定頻率（Hz）對應的那個世界（平行世界）。
□我們可以切換到不同的「平行世界」。
□會有自「零點場」符合每個人各自的能源及資訊注入。
這就是由量子力學來分析的「這個世界的結構」。

為了使出「神明附身等級」力量的三大要點

接下來要談論的是，如何讓你發揮「神明附身等級」力量的方法。所謂「神明附身等級」的力量，就在你將收納於零點場中的東西拉出來，使之發生。

要拉什麼東西出來，完全看你自己。學業、運動、藝術領域或者是工作領域都沒問題，只要是你計畫、想要提高的能力，都可以獲得「神明附身」狀態。

提高自己的頻率（Hz）以後，就能夠由零點場的高頻率區取得能量以及資訊，這就是「神明附身等級」的力量。

根據野村綜合研究所的資料，可以預測「二〇二五到二〇三五年這十年當中，日本的工作有四九％會被人工智能取代」。

雖然乍看之下不怎麼樣，但這是非常可怕的事情，也就是人類能夠活躍的地方少了一半。悲觀點想，就是有一半的人類都不被需要了。

但我並不那麼悲觀，因為我們有著人類才有的能力。

而我想那正是「神明附身等級」的力量。

舉例來說，在「記憶事情」這方面，人類的確及不上人工智能，但是我們卻有著「靈光乍現」或者「讀取話語背後含意」的能力。**從零點場當中拿出需要的力量及資訊**，又或者將**意識（光子）重心放在該處，使其化為物質**，我們具備這種能力。

要引發「神明附身等級」的力量，重點有三項。

正是「**時間**」「**空間**」與「**內在**」。

以量子力學的方法操控這三項，你的頻率（Hz）就會逐漸提升，應當就能發揮了不起的力量。

操縱「時間」「空間」「內在」便能展現奇蹟般的能力

你有沒有過這樣的經驗？

「糟糕。只剩下五分鐘！」
「在這麼大的會場，我能做得好嗎？」
「哇，對方好像很強。也許我贏不了……」

這種情況下，你的結果如何？是否沒能發揮原先的力量？
次頁的圖片是「時間」「空間」「內在」阻礙你能力的例子。
我們在自己不知不覺之間受到「時間」「空間」及「內在」的束縛。
如果能夠毫不在意這些繼續行動，絕對能夠提高集中力。
諾貝爾和平獎提名者**厄文・拉斯路博士**曾說過這樣的話：

阻礙你能力的主要因素

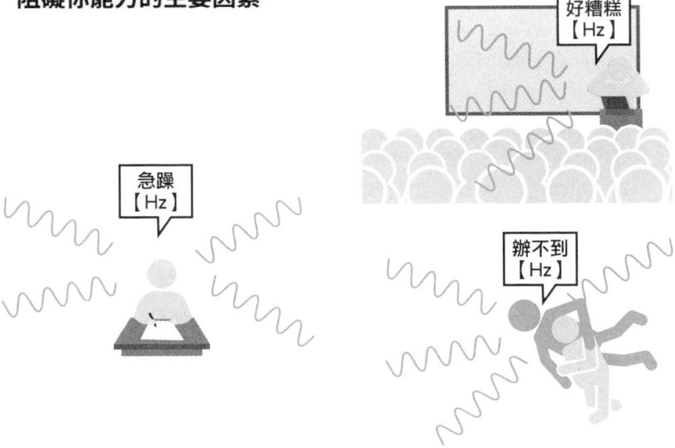

「零點場內折疊收納著『物質』『能源』『時間』以及『空間』。」

我們可以說，古今中外的天才們，都是那些能將零點場中收納的東西引導出來的人們，比方說**李奧納多·達文西**就是最具代表性的一人。

達文西的才能並不僅限於繪畫，在六十七歲過世以前，他曾接觸音樂、建築、數學、幾何學、解剖學、生理學、動植物學、天文學、氣象學、地質學、地理學、物理學、光學、力學、土木工程等各式各樣的領域，簡直就像集幾十個天才為一人的化身。

為何他能夠在短短六十七年內，以一個人的身分達成如此宏偉的業績呢？

我想這是由於達文西「加深時間的濃度」。

借用拉斯路博士的話來說，很可能就是他「拉出了在零點場中折疊收納的時間」。

達文西操控了「時間」並且提升其濃度，他將一般人一小時的濃度加深為五小時或者十小時。「加深濃度」的話，就能夠在相同的時間內做好幾倍的事情。

就算不是天才，也能夠加深時間濃度嗎？

可以的。只要使用光子，就能夠加速時間流動。

方法我會在下一章詳細介紹。

除了「時間」以外，我也會告訴大家操控「空間」以及「能源」的方法。

在那之前，我希望大家能思考一下「時間」「空間」以及「能源」。

何謂「能源」「時間」「空間」？

所謂的「能源」到底是什麼？

我試著以簡單一點的比喻來說明。

「水」是名為H_2O的「物質」。水可以成為零下五度的冰，也可以是二十度的水。當然也可能是八十度的熱水，或者一百度的水蒸氣。

這些形態的分子全都是H_2O，卻完全不同。

其相異之處正在於「能源」。同為H_2O，但是**分子擺盪的方式不同**。

在零下五度的冰當中，分子幾乎不會擺盪，分子之間緊靠在一起。

二十度的水分子會緩慢地擺盪，八十度的熱水則擺盪地相當激烈，一百度的熱水分子則是到處奔跑。

也就是**使物質（分子或原子）擺盪的東西就是「能源」**。

「時間」及「空間」並非物質（分子或原子）。

問題來了。

稍早只有二十度的水，現在因為加熱而成為八十度的熱水。

「稍早」和「現在」有何不同？

答案就是「能源」和「時間」。

除了物質的狀態（能源）不同以外，還有「稍早」以及「現在」的時間不同的差別。

那麼，還有一個問題。

稍早在「廚房」裡那二十度的水，現在加熱以後，成為「書桌上的杯子當中」八十度的水。

「稍早」與「現在」有何不同呢？

答案是「能源」「時間」與「空間」（場所）不同。

除了物質的狀態（能源）與時間不同以外，這下子還有「廚房」與「書桌」

這個場所也不一樣。

「能源」「時間」與「空間」都和物質不一樣，是眼所不能見的。

但是「稍早」與「現在」卻都確實存在。

也就是說「眼睛看不見也沒有形體，但是確實存在並且對物質造成某種影響的東西」就是「能源」「時間」與「空間」。

順帶一提在這本書當中，將「能源」替換成「內在」來說明。

「內在」＝「人的意識」沒錯吧？而「意識」＝「光子」。

「光子」具備「電磁能量」，因此才會說「內在」＝「能源」。

第 4 章

加速時間流動，提升成果的習慣

——「挪動時間」的量子力學使用法

大多數人生活時，皆受到時間的束縛。

為了能夠配合時間，每天都在和時間戰鬥。

但是只要使用量子力學，就會驟然生變。

畢竟能夠增加自己的時間。

你的一小時，可以是三小時，也能是五小時。

一起來思考讓「挪動時間」的方法。

如果無法控制時間，一輩子蒙受損失

你會自己把錢丟掉嗎？

我想大家不會做這麼浪費的事情吧。

那麼，時間又如何呢？

比方說放假前夕。

「明天早上去美容院，下午買好東西後，就來看看書吧。」

似乎會是個非常充實的假日呢。但是……

「糟糕，睡太晚了，已經中午啦，哎呀！現在去美容院也來不及啦。」

就這樣穿著睡衣吃午餐，手機滑著就三點了。

「哎呀！也別換衣服了，反正上星期很忙，偶爾這樣也沒什麼不好吧？」

有句話說「Time is money」。**雖然不會把錢丟掉，卻任由時間流逝（等於是**

拋棄），這種人意外的多，對吧？

對於時間的那種「心靈習慣」，其實會造成莫大損失。比方說一天平白浪費一小時的話，一年就浪費了三百六十五小時。

三年就是一〇九五小時，三十年就是一萬九五〇小時。九十年（一輩子）總共是三萬二八五〇小時，大約平白浪費了四年。

大家不覺得如果能夠好好利用時間，就能讓人生變得更有意義嗎？

應該要如何巧妙使用時間？……提到這個話題，就會變成和社會上許多「時間管理」書籍一樣了，所以我不這麼說。

本書要思考的並非「管理時間」而是「**挪動時間**」。

咦，挪動時間？這種事情能辦到嗎？

可以的。

我們每天都在「來得及」「來不及」之間，與時間戰鬥。

但是這個「時間」，是經過洗腦而刻劃在我們腦袋當中的東西，講明白一點就是一種幻想。

過往的人們生活時，並不會相信「時間就是如此」這種固定的概念。
愛因斯坦博士是這麼說的：

「過去、現在、未來看起來是永遠不斷持續下去，但這不過是幻想。」

其實「**時間並非以直線排列**」。

在量子力學的世界中，就能夠簡單地「挪動時間」。只要能夠操控時間，那麼你的一小時，就能增加為三小時或五小時。

「不順利」，問題出在你的集中力

「為什麼我會這麼不順利呢？」

大多數人活在世上都會這麼想。明明很努力用功了，成績還是比那些沒怎麼念書的人低；分明拚了命努力，卻還是比同輩晚升官，越是焦急就更加陷入泥沼動彈不得，內心也逐漸不知如何是好。

像這樣的人們，問題到底出在哪呢？

正是「集中力」。

與他人比較而焦躁的話，達成目標用的能源就會被消耗而減少。

比方說你的達成目標用能源是「一〇〇」。

「集中」的話，就能將一〇〇都用在達成目標上。但是開始「與他人比較」的話，就會把能源中的二〇用在此處，若是「焦急」便會再用掉二〇。

這樣一來能源就只剩下六〇了。能源減少產生縫隙以後，就會開始在意周遭的言行舉止，內心動搖又會消耗掉二〇的能源。

原先用來達成目標的能源一〇〇，只剩下四〇……

所謂「集中」中斷，就是這種情況。

這種能源只有四〇的狀態，如果持續一星期、一個月的話會如何呢？和一〇〇集中狀態的人，差距有如天壤之別。

這就是「不順利」的原因。我不會說「因為沒辦法」，還請以反向思考：

「原來如此！只要集中，我就能成長吧！」

發現「原來如此！」這種事情對於腦部來說是最佳的營養，腦部會一口氣活性化，電路（突觸）開始相連，因此「噢，辦到了！」這種成功體驗也會逐漸增加。

不具集中力之人，讓時間成為好夥伴的方法

認為自己「無法集中」或者「沒有集中力」的人，我推薦以下面的方式來試著「意識」這些事情。

①由你身上散發出的光子，現在有幾成是朝向目標的？

②要不要增加你身上散發出的光子數量？

③讓集中力傳播開來！

我們試著以「想集中精神在應付考試方面」為例，來思考一下。

①非常簡單，假設你身上能夠散發出一百個光子，就**把全部的光子都往那兒注入**就可以了。然後找出削減集中力的原因並且加以排除，比方說如果很在意電視，那就在沒有電視的房間念書、關掉手機電源，決定好念書時間並且向家人宣告「這個時間我要專心念書」並請他們協助等等。

②是**調整內在**。「意識」的真面目是「光子」對吧？藉由調整內心便能夠控制光子，也能夠增加光子的絕對數量（這個部分會在第六章詳細說明）。

③與②息息相關，基本上來說**能夠集中精神的地方，會充斥著大量光子飛翔**，利用這一點就能夠提高你的集中力。

我試著以圖書館的自習室來說明③這項。

以量子等級來看，我們都是「霧茫茫的雲」狀態。因此圖書館的自習室裡面滿滿都是霧茫茫的雲朵，同時也是「集中光子」到處飛舞的霧茫茫狀態。進入自習室以後就會有種「一定得念書才行」的感覺對吧？這是由於「集中光子」在內大量飛舞的關係。

「集中光子」在你的周遭飛舞，貫穿你的身體，因此你身體裡光子的波也會共鳴，因而提高了集中力。

另外位於你身體內部的零點場也會開始產生「集中光子」，如此一來光子的整體數量也會增加，是一種「一石兩鳥」的提高集中力方法。

我曾經在重考的時候體驗過類似的事情。每天早上到了補習班，另外還有兩個人會與我在自習室前等待著，這是為了能夠坐在教室最前排。當中一位是高中便取得劍道兩段的人，另一位則是全國級網球強校的成員，兩位都是集中力相當高的人。

我們三個人坐在教室最前排，以高度集中力念書，結果我的「集中光子」也明顯提升。我想坐在後排的人看過來，大概就像是《七龍珠》裡面的超級賽亞人那樣閃閃發光吧（笑），畢竟我們幾乎除了去洗手間和吃午餐外，都沒起身。

也就是說，我們互相傳染著「集中」，雖然沒有交談，但就像是藍芽相連，讓「集中Hz」放大了聲響的感覺。

以這種方法，**讓集中力高的人將光子傳染給自己**，也是相當有效的，結果你應該會發現內心湧上源源不絕的集中力。

為何提高集中力，時間就會增加？

讓我們再次回顧愛因斯坦博士的話：

「過去、現在、未來看起來是永遠不斷持續下去，但這不過是幻想。」

博士還這麼說：

「和情人在一起的一小時，或許感覺就像一分鐘，但是坐在滾燙爐子上的一分鐘，可能就像是一小時。」

也就是快樂的時間過得很快，而痛苦的時間卻漫長無比。

換句話說，**時間並不是固定的**。

我們首先以**腦科學的觀點**來說明這件事情。

比方說，足球四十五分鐘的比賽時間感覺很短，但是學校社會課的四十五分鐘卻無比漫長……

一樣都是四十五分鐘，為何會有這種感覺呢？

在足球比賽當中，你的腦部會想著：「啊！對手在那邊、還有另一邊」「守門員把球踢到那邊了」「我們的前鋒現在在那個位置」等等，**一瞬間同時認知許多事情**。

假設「一分鐘認知六百件事情」，如果「一個認知需要一秒」，那麼你就等於是「一分鐘之內充分使用了六百秒」。這就稱為**「意識時間」**。

你在踢足球的時候，「意識時間」就是「一分鐘＝六百秒」。但是地球上的時間是「一分鐘＝六十秒」（這稱為「**地球時間**」）。

也就是說當你在踢足球的時候，你的「意識時間」比起「地球時間」其實「**前進速度為十倍之快**」。

那麼，當你在上社會課而覺得無聊萬分的時候呢？

如果「一分鐘認知了六件事情」的話，你的「意識時間」就是「一分鐘＝六秒」。

社會課上你的「意識時間」，也就等同比「地球時間」還要「**慢到只有十分之一的速度在前進**」。

這就是會對於相同的時間，感到「快速」或者「緩慢」的機制。

「地球時間」只是一個規則，不過是由某個人決定的。

但是**腦部並不會決定時間**。

我們的腦部雖然會一次認知許多事情，但幾乎都是在下意識（潛意識）的部分當中進行處理，並不會浮現到意識表層（顯在意識）。

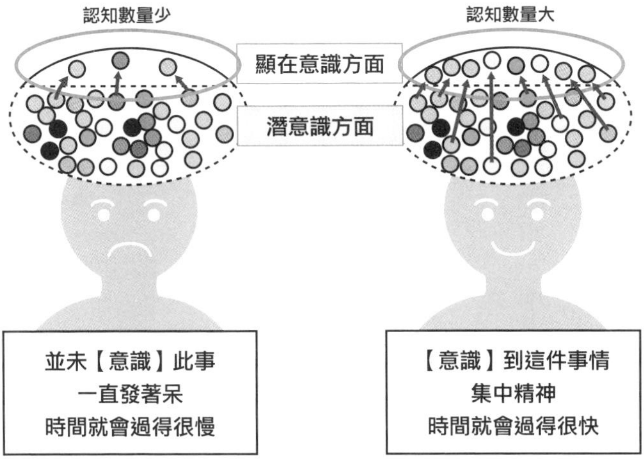

比方說你正在讀書，但除了文章以外，你的腦部還認知了房間的溫度、風吹過的方式、隔壁的人的樣子、氣味、聲音、窗戶外的景色、陽光射進來的方式、牆壁的顏色等，但是你卻無視這些東西。

如果打算全部認知清楚的話，資訊量就太大了，這樣會讓腦部短路，因此腦部只會認知自己需要的東西。

腦部並沒有「一秒、兩秒……」這樣的時間機能，只會將「認知量」計算為「時間」。

如同先前的足球例子，腦部越是集中，「認知量」就能夠不斷增加。

你越是集中讓「認知量」增加，時間就會前進得「比較快」。

也就是說，「集中」能夠「挪動時間」，這是從腦科學的觀點來思考的。

改變「時間流動」的量子力學祕密

接著我們以量子力學的觀點，來談談「挪動時間」。

在那之前稍微複習一下。

「意識」的真面目是「光子」。

光子是粒子也是波，具備「頻率」（Hz）。

意識在「集中」或者「開心」的狀態下，也會釋放出大量粒子、提高頻率（Hz）。假設集中的時候是「一萬Hz」。

相反地，意識若是「散漫懶惰」或者「百無聊賴」的狀態，Hz就會很低，假設是「一百Hz」好了。

時間也會因頻率而變化！

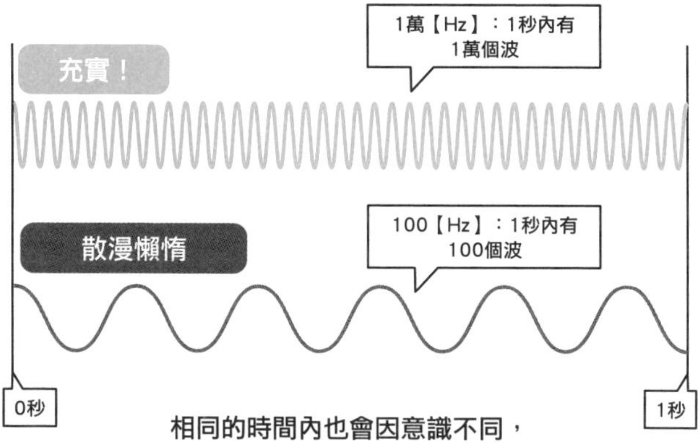

相同的時間內也會因意識不同，
讓腦部能處理的資訊量也大不相同！

Hz是指一秒內散發出的波數。「集中、開心」狀態的人散發出的波（一萬Hz）等於是「散漫懶惰、百無聊賴」狀態的人散發出的波（一百Hz）的一百倍。

那就表示他可以處理一百倍的資訊。

根據以上的概念，我們以各式各樣的例子來思考一下「時間」。

●很長一段時間卻只能做一點事情

舉例來說就像「從早開始發呆也沒做什麼事情，一下就傍晚了！」

身處在「散漫懶惰」的波當中可能自己也不太清楚，但是到了傍晚，意識恢復到「普通的波」（下頁圖中深藍色的波）時，就會發現白天的波相當寬鬆，於是就

「散漫懶惰之後，發現已經傍晚了……」的例子

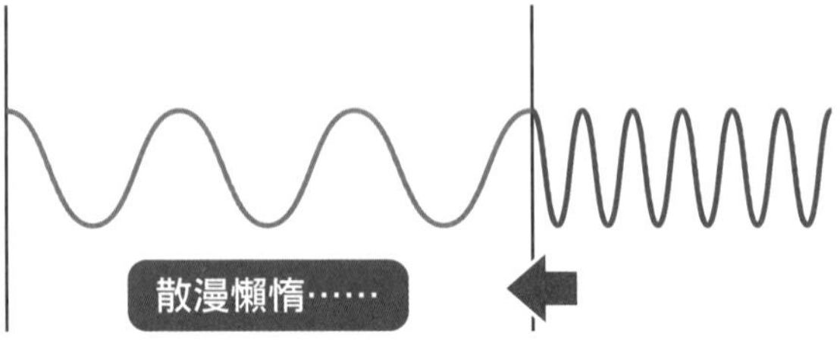

傍晚的時候恢復到平常的自己（深藍色波線），
回顧白天散慢懶惰的自己（灰色波線），
就發現波是如此少。
→「什麼都沒做，卻已經傍晚了……」

會覺得「啊！糟糕！浪費時間了啊」。

●已經過去的時間覺得相當漫長

舉例像是「結束三天兩夜的旅行回家時，明明是三天前才出發，卻覺得好像已經過了一星期！」

在旅行中所見所聞都相當新鮮，而且資訊量很大，開心也會提高頻率。當人處在「充實的波」（下頁圖中藍色的波）當中時可能沒有察覺，但回到「普通的波」以後就會發現旅行中的波相當密集。

將藍色波拉直以後就會比深藍色波長了許多，因此會覺得出發踏上旅途的三天前就像是一星期之前的事情。

●對方的動作看起來像慢動作

「由旅途歸來後，發現好像是很久以前的事」範例

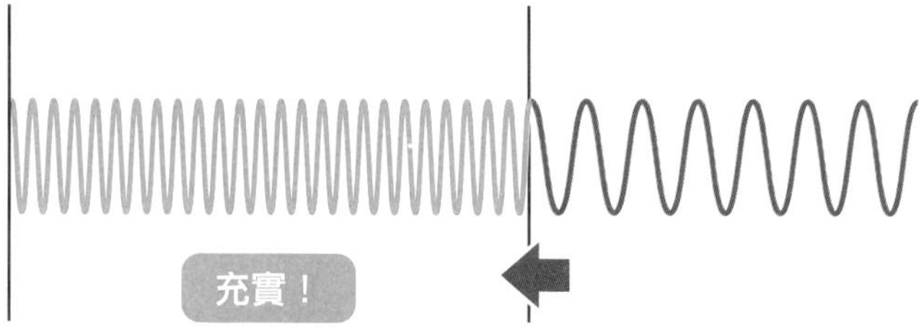

旅行之後回到平常的自己（深藍色波線），
回顧旅行中相當充實的自我（藍色波線），
就發現波的數量很多。
→「好像是很久之前的事情……」

舉例來說「對方的動作看起來像是慢動作，球看起來飛得很慢」。

這是在高度集中而提高頻率（Hz）時會發生的現象。當事者在「高度集中波」（下頁圖中藍色波線）當中可能不會發現這件事情，但是回到「普通波」以後就會覺得是慢動作。

如果提高相機的快門速度，就能夠將運動選手的快速動作拍起來像是一幅靜物圖，這種情況就是在眼前發生了一樣的事情。

●短時間能夠做完許多事情

正是「做完某件事情回神看看時鐘，才發現時間並沒有過很久」的例子。

有時考試的時候寫完所有考題，才發現

「周遭看起來像是慢動作！」的範例

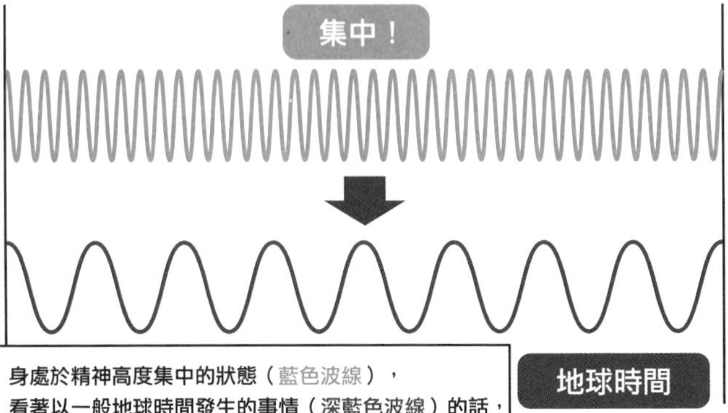

身處於精神高度集中的狀態（藍色波線），
看著以一般地球時間發生的事情（深藍色波線）的話，
就會覺得動起來很慢！
→「啊，看起來好像慢動作……」

「雖然很充實但時間過得很慢！」的範例

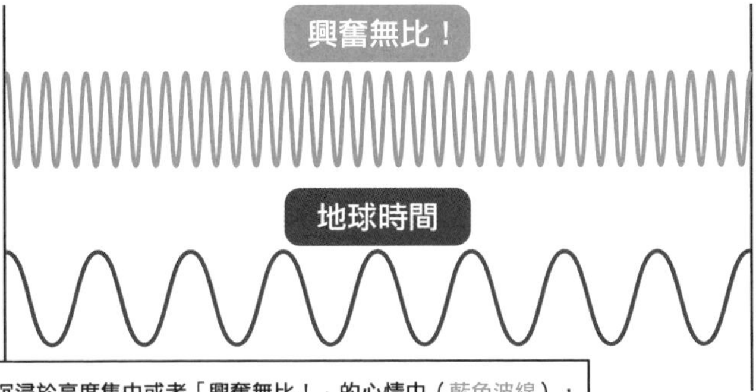

沉浸於高度集中或者「興奮無比！」的心情中（藍色波線），
就會超越一般的地球時間（深藍色波線）。
→「啊，短時間內做了這麼多事情……」
→「總覺得時間還很充裕……」

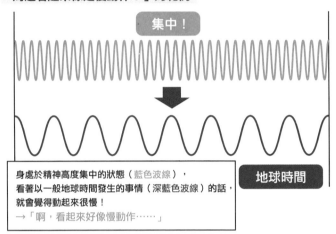

「咦？還有時間？那我從頭檢查一次好了」。

處在「高度集中波」（前頁下圖藍色波線）時當然不知道，但其實發生了追過「普通波」的現象，也就是超越了「地球時間」。

這是「沉浸」某事的狀態。

在佛教中稱為「三昧」，梵文則稱為「Samādhi」，冥想及坐禪的「覺察」也是這樣的狀態。

應該要如何「挪動時間」？

以上介紹了各種例子，我想大家應該都能明白，這些都是改變「意識時間」來「挪動時間」。

當你處在圖上紅色波線時，你的「意識時間」會比「地球時間」還要多。

你的一個小時，會憑藉你的意識增加為三小時甚至是五小時。

比方說，增加你的「意識時間」來過一整年，就能夠做到三年甚至五年分的工作。

相反地，若是以「意識時間」較少的狀態度過一年，那就只能做完半年或三個月分的工作了。

現在據說是「人生一百年的時代」。這一百年是要以「興奮無比」「高度集中」的狀態活出好幾倍，還是以「散漫懶惰」「注意力渙散」的狀態只活一半呢？

這是由你的「意識」來決定的。

順帶一提，我把「集中精神挪動時間」這件事情稱為「四次元集中」。

懷抱愛與感謝之心，時間便會增加

我們生存在「地球時間」當中。

而你的「意識時間」能夠如何盡量地加進這些「地球時間」當中呢？

只要盡量加入意識時間，就能夠逐漸「挪動時間」。

換句話說，也就是要如何在你的生活當中，盡可能加入波數多（頻率高）的狀態。

因此我希望大家一起思考：**如何能夠提高日常生活中的頻率**。

比方說頻率會因「意識」狀態而異，以下就是幾個範例。

【低頻率的意識】

「焦躁」「無精打采」「與他人比較」「被動」「無聊」「不安」「恐懼」等。

【高頻率的意識】

「埋頭苦幹」「集中精神」「興奮無比」「喜悅」「憑自我意識動手做」「有活力」等。

【最高頻率的意識】

「愛」「感謝」。

也就是說，每天都以愉悅興奮的心情度過，就能夠增加時間，若是以愛與感謝之心度日，就能夠增加更多時間了。

「高頻率」也可以代換成「高能源」。

頻率越高就能夠提升能源，影響力也就更強。

我們以具體範例來思考看看。

「總是感謝大家的A老闆」與「總是以高壓管理大家的B老闆」。

你比較想在哪個老闆的手下工作？

我想應該大部分的人都會回答「A老闆」吧。

或許在B老闆嚴厲的督促下工作，能夠獲得短期的成果，但卻無法長遠，身體與心靈都會接近崩毀的狀態。

相反地，在A老闆手下則會湧現「再多做一些吧」「挑戰看看好了」等念頭。這就是「愛」與「感謝」的力量。

如果在喜悅與願意的念頭下工作，集中力會比較高、頻率也會隨之提高（波量也就增加）。這樣增加「意識時間」以後，就能在同樣的時間當中完成更多工作，而且能夠得到內容更深入且品質更高的成果。

另外除了你本人，夥伴的光子也會增加，整個工作場所裡充滿了「集中光子」，這樣一來個別的光子（波）共振以後，能夠增幅其效果。

並不是只有公司會這樣。不管是家裡、學校還是社團活動，甚至是朋友之間也都會有這樣的情況。

愛與感謝的頻率（Hz）並不會只停留在個人身上，而會**提高整個團體的頻率、打造出濃密的時間**。

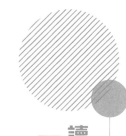

讀書時採用「一點集中」與「分散」哪個好？

不管是在運動項目的練習或是課業，只要你認真面對某項事情，其內容的深度，也會隨時間過去而更深一層。

從開始到結束之間，光子的數量會有著二十粒→一百粒→兩千粒→一萬粒→一百粒的變化（數字只是一種假設，真正光子的數量應該是「十的幾十次方個」）。

但若是時間相當短，就只能做到二十粒→一百粒→兩千粒→一百粒，或者是二十粒→一百粒→五百粒→一百粒。

由於時間太短，因此沒辦法集中精神到出現兩千粒甚至一萬粒。

我們以考生A及B來做個比較。

比方說A同學，每天從九點到十二點這三小時，「一點集中」用功念數學。

集中狀態與光子相關圖

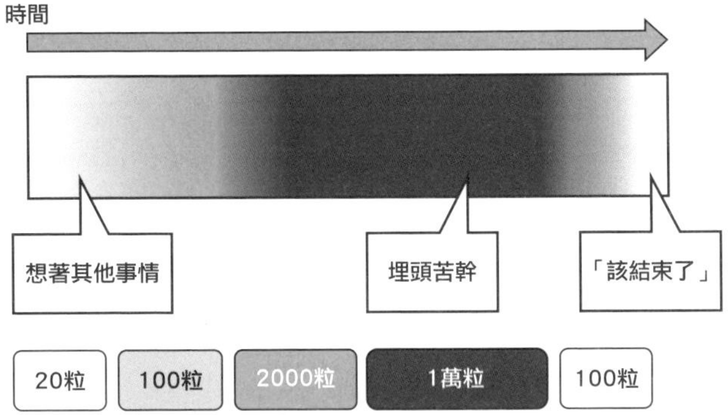

來做這件事情吧！的光子數量（示意數量）

而B同學則是九點到十二點這三小時，「分散為每三十分鐘集中」來念數學、國文、日本史……不斷更換用功的科目。

A同學散發出一萬粒光子的「高度集中」時間，大概是兩小時左右。

B同學雖然有好幾次散發出兩千粒光子的「還算集中」時間，但卻無法更加深入。

哪種情況比較好，也**隨你想做什麼事情**而有所不同。

如果你想要有「達成了！」某件事情的感受，那麼建議採用「一點集中」，因為這樣光子數量會增加，完成度也會比較高。

深入集中的「意識時間」密度比較高，也能夠完全善用時間。

若周遭的誘惑很多

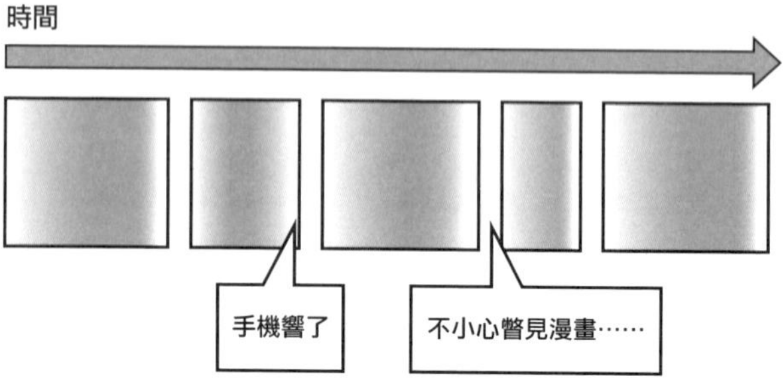

沒能出現1萬粒（埋頭苦幹）的時間

比方說考生在假日念書時，比較推薦大家在九點到十二點念數學，十三點到十五點念英文，十五點半到十七點半念物理，以這種方式來分割出「沉浸數學中」「沉浸英文中」「沉浸物理中」的時間，長時間持續在「一點集中」的狀態下。

愛迪生曾說過這樣的話：

「我會成功，是因為研究室沒有時鐘。」

毫不在意時間就這樣埋頭苦幹，增加光子提高頻率之後，就能夠連線到零點場的高頻率帶。

順帶一提，我們學校裡也模仿這種做法，時鐘是掛在教室的後方，這樣大家學習的時候就不必在意時間。

擅長與不擅長的事情，該先做哪個比較好？

雖然明白要一點集中比較好，但若是必須念許多科目的話該如何是好呢？

曾有學生問過我這個問題，那時我是這樣回答的：

「先從喜歡或者擅長的科目做起，這是絕對原則！」

為何如此呢？我以量子力學說明一下。

在做「喜歡的事情」時，光子會集中輸出，也能夠提高頻率（Hz）。

換句話說「意識時間」也會比較多、時間濃度變得比較高，這樣一來能夠讓你所處的空間，成為密度更高的空間（詳細會於下一章說明）。

如果「意識時間」變得比較多，那麼「地球時間」濃度也會比較高。

從喜歡的事情做起，藉以提高時間密度以後，利用這個狀態再去做不擅長的事情。這樣一來就能夠在短時間內完成不擅長的事情，資料也比較容易進入腦

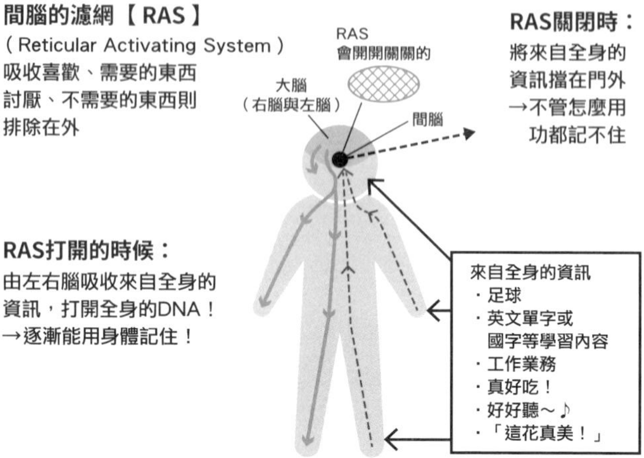
間腦的濾網【RAS】
（Reticular Activating System）
吸收喜歡、需要的東西
討厭、不需要的東西則
排除在外
RAS
會開開關關的
大腦
（右腦與左腦）
間腦
RAS關閉時：
將來自全身的
資訊擋在門外
→不管怎麼用
功都記不住
RAS打開的時候：
由左右腦吸收來自全身的
資訊，打開全身的DNA！
→逐漸能用身體記住！
來自全身的資訊
・足球
・英文單字或
國字等學習內容
・工作業務
・真好吃！
・好好聽～♪
・「這花真美！」

中、對於用功較為有利。

順帶一提在我的學校裡，會從考試的兩週前開始，就指導大家以第一志願校的「考試科目順序」來念書。這是為了讓腦部及全身的光子逐漸習慣考試氛圍，這樣就能夠讓當事者有更好的表現。

從喜歡的事情開始做，這一點也可以用腦科學來說明。

我們有「視覺、嗅覺、聽覺、味覺、觸覺」這「五感」。除了嗅覺以外，進入感官的資訊（電子訊號）都會先進入「間腦」，然後才進入大腦。

「間腦」是一種有如濾網裝置的機構，會自己區分「需要的東西」與「不需要的東西」，這個篩選裝置被稱為「ＲＡＳ」。

ＲＡＳ在收到喜歡或愉快資訊的時候會打開，並且試著將那些資訊傳入大腦當中。也就是**間腦會判斷「這是必須的資訊，要記得傳給大腦」**。

相反地，若是在做非常討厭的事情、或者是惹人生氣的時候，ＲＡＳ就會關閉，資訊會被間腦擋在門外，無法抵達大腦。

比方說你在孩提時代聽的卡通主題曲、當時喜歡歌手所唱的歌曲，只要前奏一下，不管是二十年前還是三十年前的歌，你應該也能馬上唱出口，但卻想不起國中時的理化課學了些什麼。

這個差異就在於ＲＡＳ是打開的還是關上的。

ＲＡＳ會在「超愛！」「好開心！」的時候打開。

因此要用功的時候，順序就要從「超喜歡！」的項目開始。

這樣一來ＲＡＳ就會打開，資訊也比較容易傳達到大腦。

而在ＲＡＳ打開以後，再去念不擅長的科目。

如此即使原先不太擅長，也比較容易進入腦中。

脫離三分鐘熱度，催生令人驚訝的成果

有句話叫做三分鐘熱度，其實這也與量子力學息息相關。

你有沒有過這樣的經驗？

「好！我要減肥。這次一定要成功！」明明下定決心，結果幾天後就宣布放棄了……

這是腦部特性造成的，因為**大腦會迴避討厭的事情**。

相反地，**大腦每天都想要做喜歡的事情**。就像是每天看LINE或IG也不會感到厭煩，正是因為腦部喜歡那些東西，會覺得相當雀躍。

以量子力學來看，可以說是一樣的事情。

「無聊」「不滿意」這些意識會降低頻率（Hz），「毅力」以及「氣勢」也是一樣的，這種狀態就算一直維持下去，頻率也不會提高。

相反地「好開心」「超興奮」「好棒喔」「真幸福」這些念頭則能夠提高意識（Hz）。

頻率低以及頻率高的狀態，哪一種能夠長久持續下去，再明白不過。就算是做相同的事情，頻率低的話會因為波數過少，而覺得時間很長。於是會感到「好討厭喔，為什麼我要做這種事情啊。」便很容易心生「算了，不做了」的念頭。

相反地，頻率高的話，時間一下子便過去了。內心自然會想著「那我明天也做一下吧」，因此能夠長久持續下去。

也就是說，不能夠光靠毅力以及氣勢持續下去，那樣子無法長久也是理所當然。

如果你想達成目標，那麼就要以頻率高的「意識」來行動，並且以此方式來增加確定性。

比方說你下定決心要以「跳繩減肥」好了。

若是不覺得跳繩開心，那麼就算用「靠氣勢啦」「要有毅力」來激勵自己，應該也無法一直持續下去。

這樣的話，就為**「跳繩減肥」添加一些令你「歡欣雀躍」的要素**。

比方說，想像著「半年後瘦了二十公斤的自己」，想必會很興奮。

這樣一來「意識」就會改變。「不開心」轉變為「好心情」，「好辛苦」也就能轉變為「這樣可以訓練肌力」。

「意識時間」也會隨之改變，跳繩的時間就不覺得有那麼長。

你自己打造出來的基本粒子也會改變，開始實現你的身體將減輕二十公斤的事實。

另外，如果你身上散發出「興奮雀躍光子」，那麼周遭的人也會開心地看著你。你的光子與周遭共振以後，就能夠更進一步提升頻率。

如此一來時間變得密度更高，那麼**你做的這半年，就相當於好幾年分**。短期間內你的身體和心靈都會有巨大改變，那麼周遭的人對你說：「哎呀？才一陣子沒見到你，簡直變了個人呢。」也就理所當然了。

第 5 章

讓「空間」成為好夥伴的習慣

——將改變環境的能力放到最大

我們認為空間中乃是「空無一物」。

但以量子力學來說，

其實是個「塞滿滿」的空間。

有些地方不知為何能讓人湧現力量、

感到心情沉穩；

有些地方則讓人煩躁無比、

無法發揮自己的實力。

這個差異究竟從何而生？

每天只需要一些意識改變，

就能夠改變空間密度。

空間變密後就容易引發物質化，願望也容易實現

我們為了要提高自己的能力，會努力用功或練習。

前一章我已經告訴大家，讓用功及練習能夠效果更好「挪動時間」的方法。

另外，我們平常使用的「地球時間」其實並不是一個固定的東西，可以使用「意識」來增加或者減少。

相同的，我們平常所處的「空間」，也可以靠著「意識」來改變。只要應用量子力學，就能夠讓你所在的空間變得「濃密」又或者「稀薄」。

密度高（濃密）的空間，就是指光子較多、頻率（Hz）較高的空間。因此只要「意識」留心這件事情，就比較容易產生基本粒子。

另外，這樣也會比較容易從「零點場」的高頻率帶接收能源及資訊，自然容易展現出「神明附身等級」的力量。

也就是說，思考容易化為物質，願望也就更加容易實現。

那麼，應該要如何讓空間變得濃密呢？以下我們依序談下去。

空間不好，不管怎麼努力，都很難實現目標

這個世界上的所有物體都是由小小的粒子（基本粒子）聚集而構成的，我們的身體也是基本粒子的聚合，這本書、智慧型手機也都是基本粒子的聚合體，空氣也是。

但是我們看不見基本粒子，無論使用多麼高性能的顯微鏡，也都因為它實在太小而看不見。這些小小的粒子東奔西跑，突然出現又忽然消失，因此與其說是「粒子」，還不如說是「霧茫茫的」一片有如「雲朵」的狀態。

這也是為何在物理學上會說明「原子」是「電子雲」。

我們正是由這種「霧茫茫的電子雲」構成的，因此我們的存在本身也是「霧

茫茫的雲朵」這樣的狀態。

除了我們之外，這個世界上所有的東西都是「霧茫茫的雲朵」狀態。這本書、你的書桌、房間的牆壁與窗戶也全都是一片霧茫茫，「空間」本身是霧茫茫的。

而「霧茫茫的雲朵」無時無刻都在變化。比方說，你的精神集中、強烈「意識」到某件事情的事情，你的意識（光子）的頻率（Hz）就會提高，因此「霧茫茫的電子雲」的能源也會提高，這樣一來，受到你的影響，周遭霧茫茫的雲朵也會產生變化。

請在腦中想像一下這樣的情況。

假設你去了演唱會現場，會場裡煙霧瀰漫。

煙的顏色會隨著會場的狀態變化而有「彩虹色」（紅↓橙↓黃↓綠↓藍↓靛↓紫）的變化。紫色的霧茫茫雲朵是頻率最高，也就是意識最為亢奮的狀態。

現在會場瀰漫著紅色的煙霧，這時候藍色霧茫茫的你進入會場。

那麼煙的顏色會如何？

你的藍色煙霧一開始會先擴散到周遭，接下來與紅色的霧茫茫融合在一起，最後你自己也會變成一片紅色煙霧。

接下來試著更換煙霧的顏色。會場充滿了靛色的煙，而藍色的你進來以後會如何呢？

你的周遭會瞬間變成藍色的，但你也會慢慢變成靛色。

而隨著會場的氣氛越來越熱烈，會場的煙也會從靛色慢慢變化為紫色。

這些是以「奈米世界」所見的「波」（頻率）變動與「霧茫茫雲朵」變化的樣子，而這樣的變化與你「願望的實現容易度」也息息相關。

就算你自己「想從靛色變成紫色」，若是周遭整體都是「紅色霧茫茫雲朵」（低頻率）的話，願望也難以實現。但相反地，若周遭都是靛色或紫色等高頻率的霧茫茫雲朵，那麼你的願望也比較容易實現。

空間可使用「煙霧迷漫互相加成」，使其更加濃密

你與空間的「霧茫茫雲朵」會互相影響，因為這兩者都是具備頻率（Hz）的波。

如果你那片霧茫茫的密度變高，周遭的霧茫茫也會變密。相反地，如果你進入霧茫茫較為濃密的環境（空間），那麼你那片霧茫茫也會變密，這就是「煙霧迷漫互相加成」。

我透過空手道，學習到自己與空間的「煙霧迷漫互相加成」。

空手道有一種名為「形」的比賽。也就是展現一連串固定的動作，並且以此進行比賽。時間為一分鐘到三分鐘，由於其瞬間集中的深度非常高，因此會有大量的光子飛散。並且若是相當大的比賽，就會有三百人甚或一千人進入會場。

在會場裡的包含空手道選手、空手道粉絲、又或者是出場選手的家人，因此

在這個空間中的「空手道光子」密度相當高，也就是霧茫茫雲朵非常濃密。

大會在進行比試的時候，很明顯我的光子受到空間的影響，因此也變得非常密。由於觀眾一起將「意識」專注在選手身上，因此我在演練時會進入「場域」的狀態當中。這是武道當中經常提出的「受到鍛鍊」的狀態（有興趣的人可以用日文在YouTube等影片網站搜尋「空手（形）世界選手權」看看。會對於「人類竟然能夠集中精神到這種程度」大受感動）。

這類影片也具備「煙霧迷漫互相加成」的效果，希望能對於你的課業或者運動有所幫助。

只要提高頻率，讓空間與你緊緊相貼即可

在量子力學的世界當中，就算是一直想像不出來也是無濟於事。雖然我們覺

得眼睛看不見的東西就是「不存在」，但事實並非如此。在量子的世界當中，空間中的萬物都「存在」著。

能源、資訊（現在、過去、未來）、基本粒子等，是塞得滿滿的存在於其中。雖然眼睛看不見，卻塞得滿滿的。

因此，只要你散發出光子的粒子或波，周遭的基本粒子層就會產生振動而開始擺盪。相反地若是周遭開始擺盪，你的基本粒子層也會因此而開始擺盪，就像是擠滿乘客的電車一樣。

我們與空間共振的情況遠高出你的想像。只要你散發出光子，那麼傳達給周遭的程度比你想像的還要高出許多。

比方說你是否曾在前往神社或進到森林裡的時候，感覺心靈清爽許多呢？

這是因為神社以及森林的頻率相當高，而在那個空間當中的高頻率波也進入你的身體。

「那麼，只要在神社念書的話，頻率也會比較高、腦袋比較清晰嗎？」

是的，沒有錯。但這又有點不切實際，畢竟又不能把書桌搬去神社，在那兒念書。

這樣一來，只要你自己打造出有如神社一般的空間就行了。神社是人類蓋出來的，由於住持每天在那兒祈禱，所以增加了祈禱的光子，逐步提升頻率。

相同地，你也可以提高自己「所在地的頻率」。

讓心靈感到安穩的場所，其道理為何？

我要問一個很重要的問題。

你平常在家裡是什麼樣的狀態？

如果家人「總是在怒吼」或「一直在吵架」的話，那麼家中會大量飛散著「煩躁光子」。

家裡的空間當中「光子＝霧茫茫雲朵」會一直活力十足搖擺著，只要有人的「不安光子」衝進去以後，家裡的氣氛就會變成「不安躁動狀態」。這樣一來，家人都會變得非常焦躁及煩悶……

你是否曾有過這種經驗呢？

除了家庭以外，在職場或者教室也會發生相同的事情，進入那個空間的瞬間，會感受到「嗯？感覺不太想待在這兒呢」或「氣氛好緊繃喔」，就是因為空間整體當中瀰漫著不太好的光子。

相反地，若是坐在每天面對它祈禱的神明或者佛壇前，就會感到心情平靜對吧？

這是因為那個地方是祈禱的場所。會有許多「祈禱的光子」撞進打造地板與牆壁的基本粒子那霧茫茫雲朵當中，並且在該處持續累積，因此成為那樣的空間。

比方說每天都有一百粒光子進入該處（只是假設，實際上數量是十的好幾十次方），那麼一天天過去就會有兩百粒、三百粒……逐漸增加，於是「場的頻率」也會逐步提升。

這是由於在頻率高的狀態下能源量較高，也較穩定，因此心靈才會感到平靜。

大家會不會覺得，那麼只要加以應用這個方法即可？

也就是將頻率較高的光子置入空間（環境）當中。如果你想要發揮出「神明附身等級」的力量，那麼就盡量散發出光子使其在空間當中累積，也就是「培養一個能夠獲得空間的力量」的概念。

要如何培育出頻率較高的空間？

那麼應該如何培育出一個頻率高的空間呢？

我試著舉幾個例子，從「調理心靈」的觀點來思考就很容易理解。

①【音樂】

在那個空間播放令你心情安穩的音樂。以我來說，會在車內或者研討會的會場，播放那些我認為具備「神明附身等級」者的音樂。莫札特、蕭邦、辻井伸行先生（盲眼鋼琴師）、久石讓先生、英國的少年團體LIBERA的曲子等，真的令人安心，非常推薦，我認為只要是能讓自己心靈沉靜的曲子都很好。

②【植物】

在該空間中擺放觀葉植物等（第一五五頁會有詳細說明）。

③【祈禱】

前節已經提到，可以不斷在該空間「祈禱」。

藉由反覆祈禱，可以讓你所在的空間有如「神社」那樣精妙（無邪念），成為高頻率的空間，如此一來腦袋會非常清晰，也就容易連線到零點場。

我每天早上，都會在每個房間發誓：「我要活出我自己，要發揮最棒的自己」，這就是我的祈禱。

如此一來整個房間中的「霧茫茫電子雲」，都會變化為「發揮最棒自我的霧茫茫」，我會在所有房間進行此一祈禱。

如果沒有時間，就站在屋子正中央看著房間四周邊祈禱。

就算只是「看著」，也會因為「意識朝向該處」，而讓光子能夠奔往那個方向。

④【感謝】

感謝自己所使用的工具。

散發出「感謝之波」。

這個效果真的非常好。概念上就是讓「謝謝」的波擴散後滲透到電腦、車子、書桌、筆還有橡皮擦等物體當中。

感謝之波除了工具以外，當然也要對著人發散。

這是特別重要且效果良好的方法。

這是因為「人類」比「物體」還要能夠散發出各種不同類型的波。

感謝是發揮「最棒的你」的最佳方法

「感謝之波」，要特別積極地往工作場合的同事等方向散發。所有人都將自己的出身、家庭、職場上各種事情以「光子」的形態保存著，職場則是五花八門的人們光子密集聚集的空間。

如果將「謝謝」這種感謝光子投入該空間，就能夠擴散開來、提高頻率。如此一來職場的頻率上升後，就能夠打造出集中度高的環境。

「但討厭的人我無法感謝！」

我非常明白你的心情。

這種時候請不要與對方面對面，可以試著獨自一人的時候練習，慢慢將「感謝」的波散發出去的方法，洗澡的時候應該就可以。

學生時代的社團活動不管是棒球或者網球，只要每天重複執行基本練習，一定會有進步。正因為重複練習是基本功，所以在比賽的時候能夠擊中變化球，也能夠接到快速球。

感謝也是這樣的道理。在反覆練習過散發「感謝」之波以後，就算是討厭的人把球丟來，也能夠好好地以「謝謝」去回應對方。

慢慢散發出「謝謝」之波的你，會有比討厭的人還要高的頻率，而你的波也會抵達對方身上，那個討厭的人也會逐漸改變。讓該處的頻率提高以後，就能成為容易發揮力量的空間。

如果「希望提升能力」「想要實現願望」的話，**你自己必須存在於「感謝波」的狀態**之中。

因此確實傳播到周遭，如此一來環境也會隨之變化。

最重要的是你自己會改變，周遭的人因而心情安穩、懷抱著幸福而溫柔的心情，如此一來就更能發揮出「最棒的你」。

請先試著做做看吧！只要短時間，你就會發現有驚人的變化。

提高光子的品質來調整「場」

在前一章（時間之章）中提到，集中力提高的話，「意識時間」會變多、「時間密度」也會變高。時間變密集以後，就能夠做更多、更深入的事情，也比較容易取得資訊及能源。

相反地，若是注意力渙散，則「時間密度」會變稀薄，只剩下二分之一或者三分之一。

空間也會發生同樣的事情。

當你相當集中的時候，所散發出的光子頻率會變高，這樣一來周遭一公尺範圍內的波數量會變多（這個範圍會因人而異）。

散漫的時候則光子頻率較低，周遭的波數也會較少。

只要去全國性的大賽會場就能夠明白，光是選手周遭的氣氛就不一樣。

職業運動選手或者知名藝人，他們身體周遭會散發獨特的氣場。

當事者周遭光子的資訊量

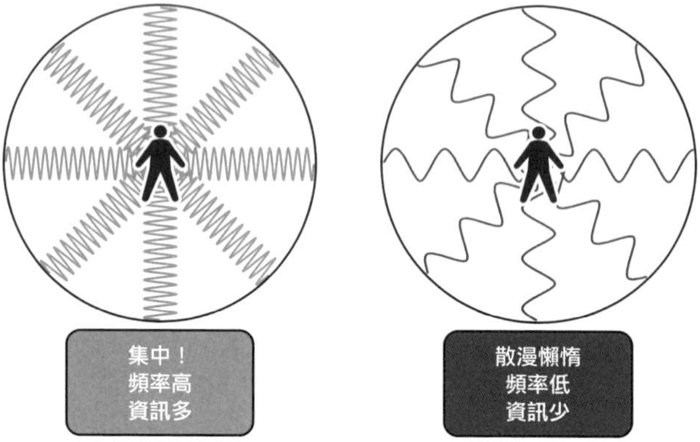

那正是「意識的濃度」，也就是當事者周遭的頻率變高，同時還擴散到周遭。見到頻率高的人會感受到魄力，正是因為這個道理，處在高頻率波當中，會收納大量的能源及資訊。

我在大學時代的空手道大賽上，曾經有過這樣的體驗。

和日體大、帝京大、近畿大等列強學校的選手對賽的時候，我卻跨不出腳步。那並不是因為「害怕」或者「畏縮」，而是他們擺出的架式空氣濃度太厚而無法進入，**空氣的濃度就像是屏障一樣**。

在這種狀態下，我想到的方法是打亂那完好的空氣。在彼此劍拔弩張（集中力高漲）的比賽當中，我會瞬間脫離一下，然後試著做「抖一抖」的動作。如此一來就發現**空間產生了扭曲**，趁著那一瞬間，我便能夠使出自己的絕招。

意識濃密能增加空間密度

我們可以用「意識」的濃度，去改變那個「場所」的氛圍。

那麼何謂「意識濃密」呢？

是指什麼樣的狀態呢？

以空手道來說，可能非常接近「千錘百鍊」的概念。

所謂「千錘百鍊」這種感覺，也出現在宮本武藏的《五輪書》當中。

也就是「千日訓練乃為鍛，萬日訓練乃為鍊」。武藏認為揮劍千日（大約三年）就能夠「鍛」起功夫，持續進行一萬日（約三十年）就能夠「鍊」就功夫了。我在高中的時候知道了這句話，受到非常大的影響。

就算是真的累積「千日、萬日」的訓練，若「意識」沒有集中也無法鍛鍊完成，我是這樣解釋武藏的話語。

比方說你身上可以散發出一千粒光子。在「劍道揮刀」的時候集中意識認真做這件事情，就能將一千粒光子都灌注其中。但若你覺得「只是揮刀而已吧」而散散漫漫讓意識渙散，光子也會四散而去。另外若是想到「肚子餓了呢」（兩百粒）「真不想做啊」（兩百粒）「居然時間才過了一下喔」（兩百粒）這些事情而持續散漫意識，那麼集中到揮刀動作上的就只有四百粒光子而已。

在揮刀動作中灌注一千粒與四百粒光子的人，其「鍛練狀態」顯然會大不相同。

而且將一千粒全部集中在上頭的人，在每天重複這些動作的同時，也會從身體內部的「零點場」持續湧出三千粒、五千粒、一萬粒光子，這就是「千錘百鍊」的感覺。

空間及時間的密度變高，也能夠獲取更多的資訊。

如果你想要達成某件事情，例如正在努力念書或者練習某項運動，那麼我認為很值得這麼試試。

不要讓讀書及練習只停留在你的肉體當中，請試著想像一下自己身上散發的光子粒子及波擴散到周遭的樣子，如此一來周遭的空間密度便會逐漸提升。

與高頻率的人共振，來發揮更高的力量

空間的頻率提高以後，你的腦部就更容易連結到零點場的高頻率帶。

我在重考生時期有過以下這些體驗。

- 閱讀數學題目的時候，腦中浮現出圖形和物體。
- 閱讀物理問題的時候，腦中出現的物體會旋轉，還會跳出方程式。
- 閱讀長篇英文的時候，紙張上的單字或者某一小節會浮現出來，甚至顏色變深像畫重點那樣。

這真的非常神奇，就像答案會從文章當中浮現出來。

如同我前面所寫的，這可能是在高集中力的夥伴之間，共享頻率高的「空間」以及「時間」造成的影響。我的光子共振以後提高了頻率，讓空間及時間變得更加濃密，結果應該就是資訊，會由高頻率帶自動地流過來。

厄文．拉斯路博士曾說過這樣的話：

「相對於終極保存媒介零點場來說，腦部不過是個讀取的結構罷了。」

也就是說博士認為，腦部連線零點場以後，由該處取出資訊。

先前介紹過的愛迪生、愛因斯坦、莫札特、約翰．藍儂大家也都說了類似的話，當然他們自己並沒有意識到這件事情……

零點場那種高頻率帶，會有同樣高頻率的人互連，因此也比較容易與那些人連線。

那兒是散發高頻率波動的人共振之處，我認為零點場就具備了那樣的功效。

為何待在習慣的場所，就能給你力量？

再問個問題。

你在「習慣的場所」與「初來乍到的場所」，哪裡比較能夠發揮力量呢？

我想應該大部分的人都會回答「習慣的場所」吧。

在運動的世界中，通常會說「地主隊在自家比賽較為有利」也是這種情況，能夠獲得粉絲們的聲援，對運動員他更加有利。

在量子力學上，也能夠說明自家場地較為有利的原因。

先前已經提過，你的身體以及周遭的物體都是基本粒子的集合體。

基本粒子是如同雲朵一般霧茫茫的存在。

在自家場地練習的時候，會從你身上散發出「集中光子」，那些光子會不斷滲透到牆壁、地面、各種工具上頭。

一天一百粒、十天就有一千粒（實際上的數量是十的好幾十次方）。

我把這稱為「**氣場記號**」。就像是狗狗以尿液來劃地為王一般，大概就是把自己的「意識」散發出去做記號的感覺（笑）。

在自家場地會累積許多你自己的意識。這樣大家可以明白，該空間的頻率很容易就與你的頻率共振，波長容易調整，也就容易發揮力量。另外地主隊在自家場地還會有粉絲的意識（光子）來提高你的頻率，因此會對你更加有利。

另外所謂的自家場地並不是運動員才有。如果經常在廚房工作的人，廚房就是你的場子，因為要讓人「開心」「健康」的意識會累積在那兒。

「待在廚房裡就覺得安心」「就算很累也能打起精神」正是因為累積在那個場所的光子（能源）可以幫助你。

這樣一想，是不是覺得對於「**習慣的場所**」，有著更多的喜愛與感謝呢？

將「平常受你照顧了」「今天也謝謝你」這種感謝之波往外推送出去，繼續累積光子來調整場域空間。

轉換堆積大量軟弱無力光子的場

你以什麼樣的態度來過日子，也會逐步改變該空間的頻率。

如果一直散漫鬆懈的話，就只會充滿「散漫鬆懈光子」。

在那個空間裡，不管你有多努力，頻率都不會提升。

說清楚點，在那裡頭努力根本是白費工夫，建議你還是去其他地方吧。

「但是我只有那個空間，有沒有其他辦法呢？」

有的，還是有辦法，只要重新設定空間就好了。

如果感受到效率似乎不是很好、覺得事情進行都不順利的話，那就用以下的方法**試著重新設定不好的光子**吧。

在重新設定空間前，請先調整好你本身。

前往「集中力高的場所」「集中力高的職場」等是最為簡單快速的方法。

試著前往拜訪業績優秀的公司，或是工作有一番成果的人；前往參觀比賽獲得佳績的運動隊伍練習的場地；參加頗受好評的讀書會或者體驗會等等，也推薦大家可以去演唱會或音樂會之類的地方。

實際上看看「集中光子」密度高的場所，進入並且沉浸當中。

這樣一來就能夠掌握「可以集中精神的空間」是什麼感覺，光是這樣就能夠開始提升你的光子，我想你應該會發現自己心情變輕鬆、有股幹勁。

之後回到你的自家場地，「集中光子」就會非常神奇的開始散發出來了。

這樣一來就開始做「氣場記號」。留心要讓自己散發高度集中的光子，並且將光子累積在那個場所當中。

也可以試著借助前面提到的音樂、植物、祈禱、感謝的力量。

大概只要三到四天就能夠發現「咦？怎麼好像不太一樣了？」應該能夠體會到該空間的頻率慢慢提升，也能夠集中精神了。

將「祈禱」置入你所在的空間

祈禱與感謝，是提高空間頻率最棒的方法。

筑波大學名譽教授**村上和雄老師**，曾經提出過以下關於祈禱的報告。

在美國曾對二十名愛滋病患者進行實驗。

二十名當中分為ＡＢ兩組各十人，進行相同的醫療行為。

Ａ組有遠方的人為他們祈禱「希望你能健健康康好好活下去」，而這件事情並沒有讓患者及醫療相關人員知情。

Ｂ組則沒有獲得祈禱。

那麼ＡＢ兩組患者會出現效果上的差異嗎？

結果是這樣的。

Ａ組：十人的病況皆有所改善。

Ｂ組：十人當中，有四名過世，六名症狀則惡化。

另外再介紹一個情況。

A：「有人為他祈禱的患者」

B：「為他人祈禱的患者」

你認為A和B，哪位患者的治療會比較有成效呢？

其實真的有人做了這個嘗試，是記者琳恩．麥克塔格。

在幾個月內對於來祈禱場所的人，都請他們幫忙祈禱「希望得了腦腫瘤的喬治會好起來」，但是喬治的病況卻沒有任何變化。

這次換成請喬治本人祈禱「希望其他人的病都好起來」，結果喬治的腫瘤卻消失了。

也就是說，結果是B：「為他人祈禱的患者」反而「疾病痊癒的機率高上了許多」。

為何會這樣呢？這很可能是由於「為了他人而活化自己進行祈禱，因此零點場的能源溢出，而使當事者恢復正常狀態」，總之這確實是已經發生的事實，我想這就證明了祈禱的光子有多麼強悍吧。

這樣一來，不是更應該趕緊將「祈禱」納入你的生活當中嗎？

祈禱在量子力學上來說，具備以下效果：

①提高房間頻率
②提高你的肉體頻率
③能提高周遭人的頻率

將植物放在房間裡提升頻率

有植物的話，空間中就會飄散著一股清新感，許多人都有因而感到心情安定的經驗吧？

這是由於植物有以下性質：

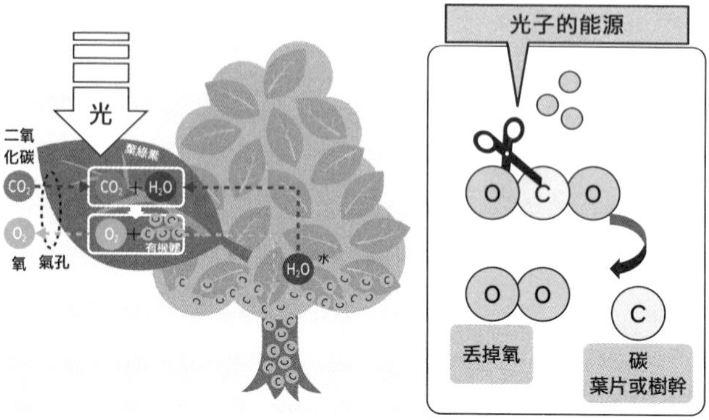

①吸收二氧化碳
②釋放氧氣
③釋放生物光子
④吸收我們的光子

植物會吸入我們所吐出的空氣（二氧化碳）並且釋放氧氣。因此空氣會變得比較乾淨，這件事情大家在小學的自然課本中都有學到，在此簡單說明一下其結構。

植物會吸收太陽光（由太陽釋放出的光子），在細胞內的葉綠體工廠中以光子的能源切斷二氧化碳（CO_2），接著將碳（C）吸收到植物體內，剩下來的氧（O_2）就排到體外，這就是它的結構（上圖）。

「生物光子」是我們所釋放出的「幽微光

線」。貓和狗、青蛙與金魚、仙人掌或向日葵等，生物全都會散發生物光子。

這就是「意識」。

生物所散發出的生物光子，會與我們的光子共振，這就是為何在擺放了觀葉植物的房間當中，你會覺得心情舒適的緣故。

植物也會吸收我們的意識（光子），如果你散發出惡劣的光子，植物就會吸收以後變得沒有活力；若你散發好的光子，它吸收以後也會活力十足。正因如此我們也才會聽說**「經常吵架的家庭當中，植物非常容易枯萎」**。

試著在家中擺放植物，就可以明白你散發出的是什麼樣的光子。

來談談我放在學校裡的觀葉植物吧。

學校裡有兩個連大人都抱不動的巨大盆栽，裡頭分別種著高二．五公尺的龜背芋和兩公尺的榕樹（兩棵）。

順帶一提，榕樹是在「百元商店」所買的商品。我在創校時買的小小榕樹，六年來已經長到這麼大了。

學校裡一個星期大約會有一百五十位左右的學生進出，人多的話就會有各式各樣的意識（光子）交錯飛舞，一般來說植物應該會感到筋疲力盡而枯萎，但我們學校的植物卻非常有活力。

我認為一個原因是祈禱的效果。我每天早上都向植物們祈禱：「希望來學校裡的孩子們，大家都能夠活出自我、是最棒的自己。」

每次這樣灌輸光子，植物們就會理解這件事情，記得那個光子的頻率，並且持續複製該光子，然後將此散發出來。

家長們來的時候也都說：「感受到學校裡的清新空氣，覺得有精神多了。」實在令人感謝。

植物就是會像這樣好好的散發意識（光子）。它會與你的光子共振、提高你的頻率，還能夠協助你的意識連接上「零點場」。

第 6 章

量子力學的內在習慣

—— 持續展現最棒結果的方法

「時間」「空間」與「內在」。

只要能夠操控這三項，

就能夠發揮「神明附身等級」的力量。

能夠「成為心目中理想的自己」，

也能「逆轉不順遂的人生」，

一切都從你的內在開始。

你的內在狀態決定了人生

「內在」本身就是光子。

緊張、幹勁十足、不安而無所適從……

你的「意識」有各種不同的頻率（Hz）。

舉例來說，沒有活力的時候是「五十Hz」、緊張的時候是「兩百Hz」、安穩的時候是「一千Hz」、不安的時候是「七十Hz」這樣，會有頻率上的高低起伏。

光子激烈搖擺的時候頻率較高，光子擺動較少時頻率就低。

而這些光子也在你的周遭飛舞。

那麼，你身體當中的光子會從哪裡冒出來，又去了哪兒呢？

讓我們整理一下「光子的流動」。

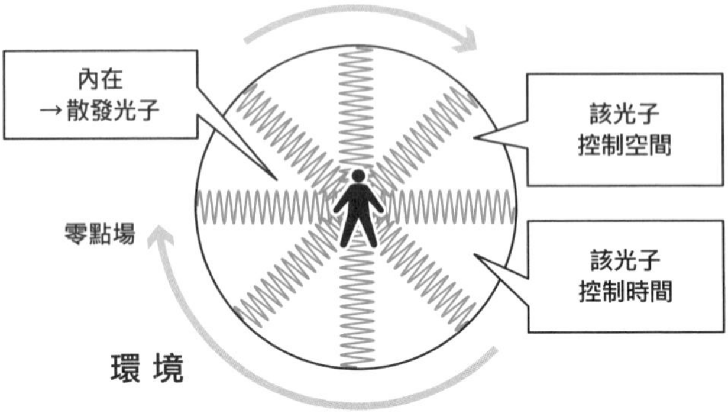

①零點場（能源）

←②出現和內在狀態相同的光子

←③光子的頻率（Hz）決定時間密度、空間密度

←④打造你的環境

←回到①

我們會不斷重複這個①～④的循環。

那麼我問問你。

這股「光子流動」當中，你認為最重要的是哪一項？

沒有錯，就是②對吧，也就是你的光子＝你的內在狀態。

內在會決定時間密度及空間密度，然後打造出你的環境。

若是內在狀態良好（也就是頻率高），那麼就會是一個良好循環；內在狀態不佳就會陷入惡性循環。說得極端一些，就是你的內在（意識），會決定你的人生。

你的人生是一帆風順還是跌跌撞撞呢？這會由你的意識來決定。

最該先做的事情，就是認同自己

如果你覺得目前的人生「並不順遂」的話，那就該先改變內在，最應該先做的事情就是「認同自己」。

不要再否定自己，只要認可自我、認同自己的優秀之處即可。

光是這樣，就能夠確實改變你的光子。

雖然撰寫了本書，但在幾年前，我的人生一直都還在谷底。原因非常簡單，因為我一直都在否定自己。

我的內在（光子）是「自我否定」的狀態，因此時間和空間也充滿了「否定光子」，所以打造出一個「否定我的環境」。「自我否定」的波還會與其他人共振，於是吸引來更多「否定我的事情」，結果陷入了憂鬱症。

能夠脫離那個無限否定自我的惡性循環，是因為開始認同自己。

在書寫「誇獎自己的日記」（參考第七十七頁）的時候，我的內在也隨之改變了。

只要想到我們活著就是奇蹟，光是活著就是件多麼棒的事情，就覺得對於「活著」湧出感謝之意。

在那之後，我的人生就有了奇蹟似的轉變。

其實你從一開始，就是「神明附身」的存在

科學雖然已經很發達了，機器人卻無法打造出自己的肉體，無論有多努力都辦不到。

但是從你出生開始，就擁有這副完好的身軀，身高從五十公分長到一百六十公分，體重也從三公斤成長為五十公斤。

不管是吃動物的肉或吃魚、穀物或蔬菜，都會成為帶有你自己DNA身體的一部分，這對機器人來說是辦不到的，因為這件事情必須與細胞共振。

如果要在身體之外，打造出你的肉體專用的臟器呢？

京都大學iPS細胞研究所或許辦得到，但是那必須支付大筆費用，花費長久時間，同時還需要許多非常優秀的研究人員配合，即使如此也還是無法打造出一個完整的身體。

而你獨自一人，就能夠理所當然完成這件事情。

真的是非常厲害。

這到底是誰教你的呢？又是誰打造的呢？

小嬰兒只會吸母乳或喝牛奶，但是小嬰兒的身體裡流著紅色血液，肌肉及骨骼會逐漸成長，也會長出毛髮及指甲，當然還會流口水。若遭受病毒攻擊就努力打敗它們，肚子餓了、大便了、有任何不舒服，都會藉著哭聲讓人知道。

這不是很厲害嗎？只是小嬰兒耶！

所以你從出生起，就是「神明附身」般的存在。

你的身體有著非常厲害的東西驅動著，很明顯不是你自己在驅動的，是什麼讓身體動起來的呢？

能量來源正是「零點場」。

就算考試失敗了、工作上發生失誤、被最喜歡的人甩了，因此而覺得厭倦人生，也還是會從與這些事情完全不同次元的深遠次元中，連結零點場來獲得能源。你完全具備了這種「奇蹟的結構」。應該說，你的存在本身就是奇蹟，因為你現在好好活在這裡。

開始認同自己後，就會不斷湧現自信是何道理？

如果你現在覺得在人際關係上非常孤獨寂寞，為此不滿意的話，那麼以下思考方式或許能夠提供給你參考，也就是「他人評價，是自我評價的十分之一」。

以前的我不斷否定自我，認為「我還不行」，因此苦於「真希望其他人認同我」的願望。「我都做了這麼多了，大家應該認同我啊！」然而即便使盡全力也無法獲得他人認同，結果只是更加寂寞。

為何我無法滿足？讓我說明一下這種情況的結構。

「他人評價，是自我評價的十分之一」也可以相反地來說，就是「你對於自己的想法，是他人對你看法的十倍強大」。

假設周遭的人稱讚我「你做得真好」，就是「加一分」。

但是我對自己說「我還不夠好，應該要有自知之明」的話，就會給自己「扣十分」。因此在我自己的心裡，加加減減之後的分數會是「負九分」。

於是越發努力行動想著別人「多認同我一點啊」，卻只會增加越來越多的「負九分」，因此越努力也只會更加痛苦而已。

但是如果認同了自己，就會發生完全相反的事情。

如果有著「我做得真棒！」這種自我肯定的想法，那麼對於自己的評價就經常性維持在「十分」。如此一來就算周遭給你評價「扣一分」，也還留有「九分」。

每次行動都會在心中累積「九分」，這樣心靈當然會感到滿足。

一旦開始用「我很糟糕」來自我否定，就會越來越痛苦；但開始以「我做得很棒」來自我肯定，就會充滿自信。

很有趣對吧？光是自我肯定或否定的差異，就能夠讓結果大不相同。

你所有的好行為，都會回到自己身上

接下來我們以量子力學來思考一下。

比方說這樣的情況：「我都做了這麼多，但是老公一點兒都沒察覺。」這種情況應該很常見吧？時常也有人會找我商量這類事情。

老婆一大早就開始準備餐點和便當、洗衣服、打掃、買東西、燙衣服、準備晚飯……一整天都非常忙碌工作。但是老公頂多就只稱讚了一句：「這道菜真好吃！」從妻子的角度看來，就會覺得：「呃……根本完全沒有在注意我嘛！」

但是妻子並不需要悲傷，老公就算沒有稱讚妳，妳所有的行動，之後應該也會有實質的反饋。

在他人不知道的情況下所做的行動，民間有個說法，稱之為「陰德」，而這都是會一直累積下去的。比方說考量老公的健康而烹調的餐點，為了讓家人感到舒適而努力燙著衣服，把廁所連角落都清得乾乾淨淨，把便利商店前掉在地上的垃圾撿起來丟進垃圾桶，把腳踏車停車場倒了的車扶起來，在電車上將座位讓給老奶奶，並說聲「請您多保重♪」才下車……

這些行為全部都會刻劃在零點場上。

那會成為打造你本人的基本粒子，也就是由你身上散發出的光子。因為「愛」及「感謝」的意識而做出的行動，會提高頻率（＝高能源）。

就算不會轉變為稱讚或者實質的金錢，也會轉化為高能源或高頻率回到你身上。又或是通過零點場，以意外之人或者令你驚訝的結果，回到你自身。

所謂的「天降喜訊」或者「弄假成真」都屬於這類情況。

馬上付諸行動的「老實」，能讓思考化為現實

你對於「老實」這個詞，會有什麼樣的印象呢？

是指馬上回答「好」那樣的乖乖聽話嗎？

字典上的解釋是「隨心行動」「不扭曲」或者「純樸、質樸」等。

其實「老實」這件事情，在量子力學上是非常重要的。

量子力學上的「老實」，是指**「快速轉為行動」**。

比方說讀了這本書後了解：「原來如此！愛與感謝的光子能夠提高頻率啊！」就這樣「理解並且接受」，並非所謂的老實。

「讀了以後馬上行動」，才是量子力學中的老實。

不是在明天或者三天後，而是「零秒後」或「馬上」行動。

當你感受到「原來如此！」的時候，「你的光子的波」和「你周遭的波」便會共振。

該瞬間，便是這個現象動起來的時刻。

因為頻率高、能源也高。

在波震盪的時候立即行動，就能夠引發下一道波。但如果沒有動靜的話，波就會回歸平靜，最後當然會停下來。

我參加過一個由經營者組成的「倫理法人讀書會」，該會每天早上會閱讀《萬人幸福的書籤》這本書，該書中有這樣的一節：

「發現的瞬間——正是處理那件事情最好的時機。若是延遲了，接下來的條件會越來越糟。事情在到達高潮的時刻，其波動（動作）馬上會傳達到人腦中，使其發現。」

在「波動」後標註「動作」，讀到這一節時我心想：「就是這樣沒錯！」

由「零點場」傳遞過來的波（資訊）正是「波動」，而當你的腦部接收到訊息的時候，就是「發現的瞬間」。

「啊，我好想做某件事情！」

在那個瞬間，你正在接收由零點場傳遞過來的波（資訊）。

因此必須在那個瞬間立刻行動。在與波共振的時候行動，就能夠推動狀況，而且波還會擴散開來。

好啦，你既然發現了，就趕快行動吧。

當然，也不是什麼事情都「動了就好」。

如果覺得「嗯？唔……」或「等等！」的話，那就先放下它；但如果覺得「原來如此！」或者「我想做！」的話，就能夠推動事情的進展。由零點場傳來的波（資訊）如果與你的波共振，自然會想要起身行動。

另外，原先放置在一邊的資訊，若對你來說是必要的東西，那麼一定會再次出現。

魔法話語：「我要活出自我」

從量子力學上來看，有些人真的非常老實。我想告訴大家一位「美都子小姐」的故事，她聽了我說的事情以後深有同感，並且馬上附諸行動。

二〇一八年十二月，有位千鶴子小姐由仙台來到東京，參加我舉辦的兩日讀書會。會後她覺得深受感動，因此將這件事情告訴住在福島的妹妹。

那位妹妹就是「美都子小姐」（見上圖）。她是連光線都感受不到的全盲者，她聽了姊姊的話以後也覺得有同感，於是開始聆聽我有朗讀功能的「電子報」。二〇一九年五月的時候，她從福島來東京找我。

全盲的美都子小姐搭乘夜間巴士來到東京，而且在完全沒有任何人的協助之下來到我面前。

美都子小姐明明與我同年，但第一次見到她的時候，她卻向我展露出少女般的笑容，我深深受到她毫無陰影的笑容感動。

之後她也來學習好幾次，笑著告訴我說，她對於自己的想法和家人的關係都逐漸好轉。

美都子小姐身患一型糖尿病，身體無法自行製造出胰島素，為了在餐後降低血糖，她從小學的時候就得每天自己施打胰島素。二十二歲時，由於糖尿病的併發症導致全盲。

聽說剛開始真的非常痛苦，但是朋友們騎車帶她去旅行，她表示自己還保有當時的快樂，現在「全盲雖然不方便，但是並非不幸」。

美都子小姐以她在我的讀書會上學習的方式，打造出她個人專屬的「祈禱話語」。據說她每天早晚都會念誦，因為是非常棒的話語，我想在此分享給大家（見下頁）。

我認為你也可以試著念誦這段「祈禱話語」，〇〇的部分可以代換成你自己的名字念念看唷！

祈禱話語

我今天也為了世界，而在天意下工作。
我要活出○○。
我要發揮出○○的能力。
我要重視我自己。
發揮○○的能力，則○○會感到喜悅，周遭也會成為喜悅的樣貌，
為了讓這份喜悅能夠擴散出去，
我要活出最棒的自己。
謝謝。
希望今天地球上的所有人，都能夠度過非常美好的一天。

美都子小姐表示現在自己不管是心理或者身體的狀態都非常好，並且她也開始從事指壓師的工作，真的是發揮出她最棒的自己。

將「祈禱」納入生活之中

我會介紹美都子小姐的「祈禱話語」，是因為**「祈禱」能夠對於頻率（Hz）有非常好的影響。**

我也會每天對著家中的佛壇和神壇進行「祈禱」，另外到了學校後，也馬上會在學校的神壇前祈禱，回家前也會，當然回家後也會對著家中的佛壇和神壇再祈禱一次。

而且不是單純的祈禱，把那些祈禱之事化為言語是非常重要的。

將「祈禱」這個單詞的結構拆開，即表示「宣示自我意識」之意。

也就是說所謂的「祈禱」，可以說是將「意識」以話語表現出來，並且向外擴散。

雖然只需要將「意識」朝向該處便能夠散出光子，不過「祈禱」和「說出的話語」能夠讓光子擴散地更遠。

另外「祈禱」也會調整內在，提升自身的頻率。

這樣加成的效果下，**空間與時間的密度都會逐步提升**。

以前我也曾有忘了祈禱的經驗，省下那二十分鐘的時間先去工作，結果反而是把工作做得一團糟。

祈禱之後再工作的時候是「一萬Hz」，不祈禱就開始工作是「一百Hz」，我實際上感受到的力量差異大概就是這麼大。

只是省略了二十分鐘的祈禱，就讓我無法發揮力量，腦中也毫無創意。還會一直冒出雜念或者其他事情，打斷我的集中力。這種情況下以整體考量的話，果然還是先祈禱，才能夠讓工作進行地更加順利。

如果祈禱後才開始工作，就會連上「零點場」，感受到自己獲得極大的力量。相反地，不祈禱就開始工作的話，就只有「人的身體」在工作，那麼一定會有個極限。

你只要試著做做看，就能夠馬上了解了，先前自己是在多麼狹窄的世界裡千辛萬苦，只需要祈禱幾分鐘，你的世界就能夠變得更寬廣。

吶喊魔法：「辦得到！沒問題！很輕鬆啦！」

你是否曾經在重要的考試或比賽之前，覺得很不安而有著「真的沒問題嗎」這樣的想法？

這種時候，有個效果極大的方法，就是「吶喊」。

例如：

「辦得到！沒問題！很輕鬆啦！」

「為了世界，活出最棒的自己！」

我學校裡的學生和讀書會的學員，都能夠為這個魔法話語的效果佐證。

鋼琴老師在縣比賽上台之前，對著將要上台的學生們喊道：「你們辦得到！沒問題！很輕鬆啦！」

結果發生了非常驚人的事情。幼兒組、小學一到六年級、中學一到三年級，全部都獲得優勝，比賽得以晉級。

學校裡的學生們在重要的比賽前，似乎也都會用這句魔法話語。結果就是射箭、網球、足球、桌球等各項目，紛紛晉級到關東大賽或者全國大賽。

我也曾和職棒的投手聊過，他原先是後援投手，但近年來越來越常出賽，也能在新聞上看到他活躍的身影。我傳訊息給他：「你真的很厲害呢！」他回覆我：「因為我在比賽前總是說著『要為了世界，活出最棒的自己！』」

運動的人在比賽前經常會說「加油」「絕對要贏」，對吧？但是那些話語會隨著腦波轉為β波或γ波，結果動作變得非常手足無措而造成緊張。

但若說的是「為了世界，活出最棒的自己！」那麼內心當中「由內在湧出的光子」就會成為「**活出最棒的自己光子**」。而這些光子會擴散到你的周遭，**提高時間與空間的密度**。

還請務必運用看看，力量不但可以免費獲得，並且還能挖掘出更多強大的力量。

所有人都感到驚訝的喊話力量測試

光是喊話就能改變光子，這是騙人的吧？

不，真的會變。

不相信的人，可以試試看以下的實驗，這是能夠讓人了解只需要用喊話，身體就會湧現力量的「力量測試」。

這需要兩個人進行。

①A（受試者）將兩手握拳，上下疊合在胸前抱緊。

②B（試驗者）則試著將A疊在一起的雙手拉開。

B請記得這個時候，A大概有多少力量。

③接下來請A說三次「加油！加油！加油！」之後，一樣兩手握拳緊抱在胸前，B一樣試著拉開A的雙手。

A：「為了世界，活出最棒的自己！」
A 要盡力維持雙手疊合
B 將對方雙手拉開

B也請確認這個時候，A大概有多少力量。

④請A說三次「為了世界，活出最棒的自己！」之後仍然握拳緊抱在胸前，B也請試著拉開，B可以確認這個時候A有多少力量。

如何呢？

應該是在④喊「為了世界，活出最棒的自己！」時，是最有力氣的吧！

這正是因為喊話便改變了光子。

只需要用「喊話」就能夠改變A的「意識」（內在）。

而A散發出的光子，也會隨著話語「為了世界，活出最棒的自己！」擴散出去，這樣一來也會改變周遭的頻率（Hz）。

而這些頻率又會回到A的身上，使他的身體湧現力量。

請你也務必試試這種喊話，周遭的光子會有所改變，也會給你力量。

試著給予自己正面的心靈創傷

要提升自己的內在，還有一個方法是「給予自己心靈創傷」。

咦——？心靈創傷是指內心受傷對吧？特別讓自己心靈受傷，行嗎？

是的，沒問題，但是要給予的必須是「正面的心靈創傷」。

所謂心靈創傷的原文是「psychological trauma」，一般用來表示心靈上的外傷。如果體會到巨大的恐怖或者悲傷，就會受困其中而有人生停滯的感受，或是因為腦中充滿恐懼而動彈不得，結果一輩子都被那種感受糾纏，這是一般心靈創傷給人的感受。

而我所提出的「正面的心靈創傷」，是與這種創傷完全相反的「強烈的喜悅」。也就是每當回想起那種體驗，喜悅的心情就會復甦，那些能夠支撐你心靈的事情。

在你小的時候，是否有曾經被爸媽或老師「不斷誇獎」的記憶？現在回想起來還是覺得開心的記憶，就是「正面的心靈創傷」。我們會有著「負面的心靈創傷」，同時也帶有「正面的心靈創傷」。

你的人生當中有越多「正面的心靈創傷」，心中就會越發充滿喜悅。也就是說拚命誇獎自己，或是有別人誇獎你，讓你自己能夠得到「正面的心靈創傷」。

我講個具體的例子。

我有三個小孩，這件事情發生在他們就讀的幼稚園，每年二月都會在一個千人規模的會館辦表演會。

孩子們會在很大的舞台上，沐浴在聚光燈下，這就是「正面的心靈創傷」。父母和祖父母看到在舞台上跳舞的孩子們感動不已，也有許多人流著眼淚說：「〇〇小朋友真可愛呢！」「〇〇小朋友真棒！」「好厲害！你是天才呢！」這類拚命誇獎的話語，這種體驗會成為「正面的心靈創傷」刻劃在孩子們的心上。

「我很厲害呢！」「我是能讓周遭人感到幸福的存在！」這種強烈的「正面心靈創傷」，能夠進入孩童們的心中。

其實非常受歡迎的偶像團體中有位S小姐，也是這間幼稚園的畢業生，我並沒有直接詢問過她這件事情，不過我認為幼稚園時期這種強烈的「正面心靈創傷」，很可能在她的心中植下「我的存在能使人有強烈的喜悅」這樣的想法，因此使得她有非常顯著的偶像特質。

「正面的心靈創傷」力量超乎想像。

就算沒有人誇獎你，**你也只需要誇獎自己就好**。

如果做成了點什麼，或是覺得有些好事發生，就能強烈誇獎自己。

「雖然這麼累了，我還是把洗好的衣服都折好了，我真棒！」
「我在電車上讓座，很棒呢！」
「我能夠主動向人打招呼，有所成長了呢！」

既然都開始誇獎了，就可以誇張點用「唔哇——！」「天才！」「真的很厲害！」「太棒了！」「超讚的！」「太美好了！」等讓人有些害羞的話語吧！非常神奇的是，你會更加感到開心。

那麼「無論如何就是無法誇獎自己」的人該如何是好呢？我說的就是因為非常認真而對自己很嚴厲，認為「做到是理所當然」「去做是應該的」而自己提升標準的人。

請試著將幼兒以不穩定姿勢搖搖擺擺前進的樣子，和自己重疊一下，那就是你以前的樣子，連要走路都非常辛苦，現在已經長這麼大了，能做到走路這麼厲害的事情了呢！你是應該大誇特誇一番才對呀！

只要進入「場域」，所有「答案」都會如雨絲般落下

前面我也有稍微提到這件事情，就再次說明一下「場域」吧。

其實進入「場域」的情況，正可以說是「連上零點場，因此從那兒送來了資訊和能源的狀態」。

關於零點場，厄文．拉斯路博士以「終極保存媒介」來表現，而哈羅德．帕特霍夫博士則表示那是「保存所有資訊的場所」。

我認為說它是「將過去、現在及未來的所有資訊，以頻率保存的地方」更為貼切。

前面也曾介紹過莫札特與愛迪生的例子，想來他們便是與零點場連線，也就是進入了「場域」。

進入「場域」之後會發生非常神奇的事情，我想介紹一下學校裡學生們告訴

我的經驗。

先聊聊在群馬縣高中桌球大賽當中獲得優勝的學生。

我問他：「比賽當時的狀況如何？」他告訴我：「對方打過來的球，似乎連有一條線。」

「在對方球拍上的時候還是顆球，但是我卻能夠看見接下來會往哪個方向的路徑，於是就把球拍往那兒伸過去，結果球真的抵達那個位置。」

另外還有去參加關東足球大賽的學生。

「敵隊守門員在踢球的瞬間，我就知道球會落在哪裡，所以背對著他狂奔，結果球真的落在那邊。」

在群馬縣劍道大賽上優勝的人，也有過神奇的體驗。

「團體決賽時，我擺好了姿勢，有個瞬間忽然感受到對方的面罩有道閃光：『就是這裡！』下個瞬間我的竹刀也擊中了面罩，然後我就贏了。」

還有許多類似的事情。

「我看見了一道光線，指示要我跑哪邊，對手周遭的空氣感受很散漫，似乎

可以從中看到該跑的路徑。」（來參加讀書會的橄欖球選手）

「對手隊伍的加油音量明明非常大，但我站上投手丘的那一瞬間，聲音就消失了，我甚至可以清楚聽到捕手的聲音。」（來參加讀書會的職棒選手）

不是只有運動方面如此，也發生在其他情況不太一樣的學生身上。

有個孩子因為討厭上學，所以國中時經常請假。卻在之後進了函授制的高中，非常喜歡程式設計和數學。那孩子明明連小學時算數的「分數加法」都搞不懂，卻能夠輕鬆解開高中數學的積分等問題。

他在程式設計大賽中，製作了「一靠近就會告訴你溫度的機器人」而入選，也被某個公司挖角。雖然還在念高中，卻已在協助該企業進行產品開發。

雖然無法見到他腦中的樣子，但肯定是由零點場拉出了大量的資訊吧。

一切由你的內在開始

雖然表現方式不太一樣，不過「進入場域」就和「連接零點場」是一樣的，那正是「做出最佳結果的狀態」。

本書當中提出了各式各樣的方法，可以集結為三大重點：

①調整自己的內在
②提高空間頻率
③提升時間密度

而②「空間頻率」與③「時間密度」，都是由①「內在」來決定的。

也就是說，內在會打造出所有結果。

結果會根據你想著什麼、具備什麼樣的意識而有所改變。

你只要將「意識」全神貫注在目標上，那麼你所散發出的光子數量就會增加、頻率會提高，就能夠提升「空間頻率」與「時間密度」。

結果就是**產生物質化，使目標化為現實**。

你的心如果充滿「愛」與「感謝」，那麼你的頻率也會提高。與零點場這個頻率帶相連，就會為你帶來強大的能量以及所需要的資訊，另外也能夠與同樣位於高頻率的人相連，高頻率能夠吸引各式各樣的東西。

結果能使人生充滿愛與喜悅，在人及物質上想必也獲益良多。

只要憑你的意識，就能夠使人生充滿愛與喜悅。

但要特別注意的是，若使用方法錯誤，那麼可能帶來相反的結果。

你的人生先前一直無法順遂，可能就是肇因於此。

比方說你的心底抱持著「我自己好就好」這樣的意識，然後祈禱著「想成為有錢人」。

由於意識會成為光子，因此你會散發出「我自己好就好」的波。

這樣一來有著相同頻率的「我自己好就好Hz」的人會呼應你，結果可能聚集了一群「任性的有錢人」，或是「只考量自己利益的有錢人」互相扯後腿，自然造就非常痛苦的人生。

「想成為有錢人」這件事情本身並不壞，重要的是抱持著什麼樣的意識去「想要成為有錢人呢？」

如果能夠將「運用自己的能力，在喜悅心之下活化經濟，希望也能讓周遭的人感受到這分喜悅」放在心上，就會散發出那樣的波，有著相同赫茲的人也會有所回應，結果能夠增強共振的波，就自然而然能平順地成為有錢人了。

「愛」與「感謝」是最強的力量

現實，一切都是你的「意識」（光子）所引發的。

如果覺得自己好就好，這種想法散發出來的波，會讓你的人生痛苦。

因此才需要「愛」與「感謝」。

只要你能散發出「愛」與「感謝」的赫茲（Hz），那麼「愛・感謝Hz」的人就會聚集而來。

「我要活出自我」「我在上天的意志下工作」這樣的頻率，能夠聚集「發揮你能力Hz」的人們，讓你更能有所發揮，另外上天（零點場）也會提供資訊及能源。

這並非妄想，而是量子力學告訴我們的事實。

如果你想讓目前「不順遂的人生好轉」，又或者是「想成為理想的自我」，那麼更應該讓高頻率的「愛與感謝」赫茲（Hz）在心中迴響。你的心靈（內在）越是充滿「愛」與「感謝」，時間與空間都會更加濃密，也越發容易達成目標。

另外也能和「愛．感謝Hz」的人們結下好緣，度過幸福的一生。

「愛」與「感謝」最強的緣由正是如此。將喜悅的波逐漸擴散到周遭，打造出一片龐大的土地，就能夠讓你越來越幸福。

結語

我從星期一到星期六，都會將撰寫電子報當成例行公事。經常有人問我「不覺得累嗎？」但我不曾這樣想過。因為我能夠看到大家將來的幸福，以及地球一直都很和平的樣子。

「可能會有幾個人生活因而更加輕鬆、過得更幸福。」只要這樣想，我就覺得很開心。

我們散發出的光子若是「和平」，那麼地球就能夠和平。

因為「光子」＝「意志」的能源，並且會打造出「物質」。

地球上雖然有許多悲慘的狀況，但希望大家都能夠將「愛、感謝、和平、和諧」的意識往那兒送去。每個人都播放「愛・感謝波」的話，就會擴散開來，讓整個地球的頻率成為「愛・感謝」。

以量子力學來看，這表示你對於地球和平是真正有貢獻的。

要不要在我們活著的時候，就讓地球成為「愛・感謝」的星球呢？如果每個人的意識都有所改變，那麼我認為是非常有機會達成的。

我想告訴大家的事情有很多，最後再說一件就好。

「活出自己的能力」這個模式如果平常就持續發送出來，那麼應該就能夠實際體會到你自己和周遭以及環境，還有狀況及結果逐漸改變。

連上「零點場」那邊，應該就能夠確實感受到你「得以發揮」，但前方還有所謂的上位概念。

那上位就是「有守護之人」以及「有守護之物」。

你到達那個層級之後，就會讓「活出自我的能源」加上「利他的能源」，這樣一來就能夠從「連線零點場」或「由零點場得到資訊及能源」的狀態，轉變為「沉浸於零點場中生存」的狀態，就能夠改變世界。

這樣一來會發生下列事情：

- **不會疲倦。**
- **不斷湧現創意。**
- **對方的喜悅會成為自己的喜悅。**

如果不會疲憊，就會對自己的身體比較溫柔，也不會過於勉強。身體就是你的「意識」發振源頭，如果不再強逼自己勉強或忍耐，那麼周遭也會對你比較和善，這與「毅力」和「拚一口氣」是完全不同的境界。

在這種狀況下「活出最棒的自己」時，你所散發出來的波，會成為最強的波「愛」而向外擴散。

你所釋放的「愛」之波，能夠與周遭的「愛」共鳴。

你所守護的東西、守護的人身上也都會有「愛」之波反彈回到你的身上。

那是非常舒適的感受。

地球上的所有人都成為這樣的境界以及狀態的話，就不會有戰爭或自殺、沒有不健康的狀態、不會有批判或攻擊，也會成為一個不需要由人去制裁別人的世界。

謝謝您讀到最後，我打從心底祈禱這本書能夠對你有些許幫助。

村松大輔

Eurasian Publishing Group
圓神出版事業機構
用心與你對話・視野無限寬廣
圓神出版社
Eurasian Press

www.booklife.com.tw reader@mail.eurasian.com.tw

圓神文叢 312

意念使用手冊：瞬間改變時間和空間的量子習慣

作　　者／村松大輔
譯　　者／黃詩婷
發 行 人／簡志忠
出 版 者／圓神出版社有限公司
地　　址／臺北市南京東路四段50號6樓之1
電　　話／（02）2579-6600・2579-8800・2570-3939
傳　　真／（02）2579-0338・2577-3220・2570-3636
總 編 輯／陳秋月
主　　編／賴真真
責任編輯／林振宏
校　　對／林振宏・吳靜怡
美術編輯／蔡惠如
行銷企畫／陳禹伶・朱智琳
印務統籌／劉鳳剛・高榮祥
監　　印／高榮祥
排　　版／杜易蓉
經 銷 商／叩應股份有限公司
郵撥帳號／18707239
法律顧問／圓神出版事業機構法律顧問　蕭雄淋律師
印　　刷／祥峰印刷廠

2022年4月　初版
2024年6月　6刷

JIKAN TO KUKAN WO AYATSURU "RYOSHIRIKIGAKUTEKI"
SHUKANJUTSU
BY Daisuke Muramatsu
Copyright © Daisuke Muramatsu, 2021
Original Japanese edition published by Sunmark Publishing,Inc.,Tokyo
All rights reserved.
Chinese (in Complex character only) translation copyright © 2022 by
Eurasian Press,an imprint of Eurasian Publishing Group.
Chinese (in Complex character only) translation rights arranged with Sunmark
Publishing,Inc.,Tokyo through Bardon-Chinese Media Agency,Taipei.

定價 310 元　　ISBN 978-986-133-818-7　版權所有・翻印必究

◎本書如有缺頁、破損、裝訂錯誤，請寄回本公司調換　Printed in Taiwan

你越是充滿「愛」與「感謝」，
時間和空間都會更加濃密，
也越發容易達成目標。
——《意念使用手冊：瞬間改變時間和空間的量子習慣》

想擁有圓神、方智、先覺、究竟、如何、寂寞的閱讀魔力：

- 請至鄰近各大書店洽詢選購。
- 圓神書活網，24小時訂購服務
  免費加入會員・享有優惠折扣：www.booklife.com.tw
- 郵政劃撥訂購：
  服務專線：02-25798800　讀者服務部
  郵撥帳號及戶名：18707239　叩應有限公司

國家圖書館出版品預行編目資料

意念使用手冊：瞬間改變時間和空間的量子習慣／村松大輔 著；黃詩婷 譯．— 初版．— 臺北市：圓神出版社有限公司，2022.4
208 面；14.8×20.8公分（圓神文叢；312）

ISBN 978-986-133-818-7（平裝）

1. CST：超心理學　2. CST：心靈學　3. CST：靈修

175.9　　111001164